AF142381

Paradise Now

Fröhliche Wissenschaft 177

DE NATURA VII
Herausgegeben von Frank Fehrenbach

Günther Vogt und Violeta Burckhardt

Paradise Now

Die Neuen Grenzen des Gartens

 Matthes & Seitz Berlin

Die Konjunktur der Natur in gegenwärtigen Debatten ist erstaunlich. Als Oppositionsbegriff zur menschlichen Kultur hat Natur schon aus zwei Gründen ausgedient. Einmal wegen des Scheiterns traditioneller dualistischer Ansätze als Konsequenz der modernen Naturwissenschaften, die den Menschen ohne Rest als Teil der Natur definieren. Zum anderen wegen der ungeheuren zivilisatorischen Dynamik, die auf, weit über und zunehmend auch unter der Erdoberfläche keine vom Menschen unberührten Residuen des Natürlichen erlaubt. Inwiefern lässt sich also auch heute noch »über Natur« sprechen? Die Bände der Reihe DE NATURA versammeln Antworten aus ganz unterschiedlichen Disziplinen. Sie gehen auf Vorträge zurück, die von der Forschungsstelle *Naturbilder* (2013–2018) im Hamburger Warburg-Haus veranstaltet wurden.

– Frank Fehrenbach

Inhalt

Landschaft als Modell   7

Fallstudien   12

I Modell als Artefakt   12
Der Garten der Zukunft   12
Food for thought   21
Evolution Square / FIFA Headquarters   22

II Modell als Ereignis   28
Bewegliche Grenzen   28
Wandernde Landschaften   36
Der unfreiwillige Park   43

III Modell als Miniatur   53
Masoala Halle   53

IV Modell als Medium   61
Grenzökologien   61
Rectory Farm   69

V Modell als Narrativ   73
Via Giulia   73
Lohsepark   77
Das letzte Neuland   82

Anmerkungen 90

Abbildungen 91

Weiterführende Literatur 92

Dank 94

.

Landschaft als Modell

Wo hört etwas auf und wo fängt etwas anderes an? Wo ziehen wir die Grenze? Und warum wählen wir eine Linie, um diese Begrenzung zu markieren? Landschaft als Modell untersucht das Wesen heutiger Grenzen und legt ein besonderes Augenmerk auf den Garten und die Landschaftsarchitektur als wichtigen Deutungsrahmen.

Abb. 1. Engadin, Schweiz.

Wir leben in einem vom Menschen geprägten Zeitalter der Beschleunigung – einer geophysikalischen Epoche, die als Anthropozän bezeichnet wird. Heute ist der Mensch in der Lage, mit den Mitteln der Technologie im globalen Maßstab so sehr auf die Landschaft einzuwirken, dass wir die Auswirkungen sogar aus dem Weltall erkennen können. Die Umgestaltungen, die der Planet erfährt, reichen über den Horizont hinaus und breiten sich in alle Richtungen aus, umfassen Meere, Seen, Flüsse und Wälder und sogar das Wetter; die Wolken, den Regen und die formlose Hülle der Atmosphäre. Diese massiven Veränderungen werfen die Frage auf, in welcher Beziehung wir Menschen heute zu unserer Umwelt stehen und welchen Ursprung, welche Bedeutung unser Naturbegriff hat. Mit der Verschiebung der physischen Grenzen und unter dem Druck des beschleunigten Wandels steht die Landschaftsarchitektur vor neuen Herausforderungen. Damit öffnen sich aber auch Chancen, den Ort, an dem wir leben, unsere Landschaft, unser Zuhause und unseren Planeten auf neue Weise zu verstehen. So gesehen ist die Landschaft Plattform und Werkzeug, die wir nutzen können, um unser Überleben sicherzustellen und den Ort, an dem wir leben, zu kultivieren.

Die Aneignung von Landschaft durch den Menschen lässt sich am besten durch das Konzept des Gartens verstehen. Als umfriedetes Gelände trennt und schützt, teilt und verbindet er. Als Ort des Austauschs befindet er sich in einem ständigen Wandel. Die Begrenzungsmauern, die diesen heterotopischen[1] Raum umgeben, sind sichtbare und materielle Hindernisse, die Außen von Innen, Mensch und Natur, Ordnung und Chaos, Privates und Öffentliches trennen. Als zum ersten Mal ein Zaun um einen Baum oder eine Landschaft gezogen wurde, wurde die physische und die psychische Kluft zwischen dem Menschen und der Natur in einen Ort verwandelt. Unsere Umwelt wurde zu etwas, das von uns abgetrennt ist – wurde zu einem Objekt –, und damit wurde die Landschaft zu einem Gut und zu einem kulturellen Konstrukt.

Die Auffassung, den Garten als Modell der Natur zu betrachten, lässt sich in vielen verschiedenen Kulturen beobachten. Diese Kulturen haben in verschiedenen Zeiten das Konzept weiterentwickelt und ihm seine charakteristische Ausprägung verliehen. In allen aber repräsentiert der Garten nicht nur einen physischen Raum, sondern auch einen symbolischen Ort. Darstellungen des iranischen Gartens beispielsweise, in dem zoroastrische Glaubensvorstellungen ihren Ausdruck fanden, reichen bis ins sechste Jahrhundert zurück. Das Wort *pairidaeza* stammt aus dem Altpersischen und meint: *pairi* (herum) *daeza* (Mauer). Der Begriff wurde später hellenisiert zu *paradeisos*, im Englischen zu *paradise*, im Deutschen zu Paradies. Alle Definitionen beschreiben einen von einem größeren Ganzen abgesonderten Raum.

Als kosmologische und kulturelle Repräsentationen werden in Gärten Materie und Bedeutung durch Gestaltung verwoben. Wege etwa erfüllen in der ursprünglichen Komposition eine quasi kartografische Funktion: Sie folgen klaren Achsen und orchestrieren die Bewegung im Raum. Durch Kanäle geleitetes Wasser steht still, wo Ruhe verlangt ist, oder fließt entlang von Wegen, die die Fläche des Gartens in vier Teile schneiden – eine Anspielung auf die vier Jahreszeiten und die vier Lebenselemente Wasser, Wind, Erde und Feuer. Die Bepflanzung ist sowohl Ornament als auch Nahrung, und der Baum als Symbol einer höheren Macht und der Unsterblichkeit spielt eine wichtige Rolle.

Der Garten fungierte als Nährboden für die Synthese vieler verschiedener Wissensgebiete: Bewässerungsanlagen und ihre Infrastruktur, Ingenieurskunst, Architektur, Botanik und bildende Kunst. Diese Gebiete mussten im eingehegten Grundstück zusammengeführt werden – einem Raum, der durch die Mauer, das markanteste Merkmal des Gartens, definiert wurde. Heute hat dieses umfriedete System seine Grenzen durchbrochen. Die für den Garten charakteristischen Gestaltungselemente werden in der freien Landschaft als massive Störungen wahrgenommen, da das wohlgeordnete Erhalten, das dem Garten zugrunde liegt, auf das Zufällige der freien Natur trifft. Gärtnern ist eine Tätigkeit, die eng mit jenem Moment verbunden ist, in dem der Mensch Land zu kultivieren und seine Umgebung zu zähmen begann. Dieser Wendepunkt in der Menschheitsgeschichte führte ein neues Konzept in das Alltagsleben ein, das für die heutige Nahrungsmittelproduktion grundlegend werden sollte. Die Kultivierung von Land bedeutete jedoch weit mehr, als die Erde für die kommende Ernte zu bestellen. Sie diente auch dazu, die Seele zu pflegen. Der Garten wurde zu einem Ort, an dem Kultur produziert und konsumiert wurde. Er diente als Vermittler, der Zweckmäßigkeit und Ästhetik zusammenbrachte. Seine Lebensgrundlage beruht auf einer Partnerschaft zwischen Menschen und Pflanzen, von der beide profitieren. Wir haben das Land nicht nur kultiviert, sondern das Land hat auch uns kultiviert. Bei den Fallstudien in diesem Buch handelt es sich um Landschaften und Gärten als Modelle von Natur. Modelle, die stets über die Absichten ihrer Schöpfer hinausgehen und die ungeachtet eines weitgehend geregelten, mechanisierten und optimierten globalen Kontextes für Emergenz Platz lassen. Sie helfen uns, unseren eigenen Platz in einer durch den Menschen gestalteten Welt besser verstehen zu lernen, in einer Welt wohlgemerkt, in der die Unterscheidung zwischen Natur und Kultur zunehmend unscharf geworden ist. Sie zeigen Ränder und Grenzen als Orte eines schlummernden, widerständigen Potenzials.

Fallstudien

I Modell als Artefakt

Der Garten der Zukunft

Ein Betonelement ragt aus der Oberfläche einer kargen Landschaft. Ein Tor scheint uns in eine andere Welt zu führen, getrennt von unserer eigenen, verborgen in den tiefsten Schichten einer entlegenen Berglandschaft, ein Eingang in einen unheimlichen und geheimnisvollen Garten. Die Architektur ähnelt der eines Bunkers oder einer verborgenen Militärbasis am Rande der Welt. Das *Svalbard Global Seed Vault* liegt auf Spitzbergen in einer der unzugänglichsten Gegenden der Erde auf halber Strecke zwischen Norwegen und dem Nordpol. Die Inselgruppe beherbergt die weltweit nördlichste Ansiedlung und ist Teil des norwegischen Königreichs. Sie unterliegt dem 1925 in Kraft getretenen Spitzbergenvertrag, der jedem Individuum ohne Unterschied das Recht auf geschäftliche Aktivitäten zugesteht, solange diese im Rahmen der norwegischen Gesetzgebung bleiben.

Abb. 2. Saatgut-Tresor, Spitzbergen, Norwegen.

Mit den verschlossenen Türen und dem hoch aufragenden Beton flößt uns der Eingang zu dem Saatgutspeicher Respekt ein, während sein verborgener Korpus und unsere Unfähigkeit, die tatsächliche Größe des Gebäudes visuell zu erfassen, zugleich ein diffuses Gefühl entstehen lassen. Ein ähnliches Gefühl, eine Angst vor Verlust, dürfte vermutlich als treibende Kraft hinter dem Projekt gestanden haben: Ein materielles Backup allen Saatguts, das sich in verschiedenen, überall auf der Welt verstreuten Saatgutbanken befindet. Schon die Idee eines Backups zeugt von einem degenerierten System der Nahrungsmittelproduktion, der entsprechenden Gesetzgebung, des Naturschutzes und der alarmierenden Auswirkungen des Klimawandels. Erste Ideen zum Vorhaben gab es in den späten 1980er Jahren, aber es dauerte bis 2008, bis der sogenannte Saatgut-Tresor in Betrieb genommen werden konnte.

Die Inselgruppe, die 1596 der holländische Arktisforscher Willem Barents entdeckte, wurde in der Öffentlichkeit nie sehr bekannt, und nur wenige Menschen können auf einer Karte ihre genaue Lage bestimmen. Spitzbergen, von Barents auf der Suche nach der berühmten Nordwestpassage nur zufällig entdeckt, hatte nicht viel zu bieten, obwohl das Meer ringsum mit Reichtümern gesegnet ist, deren Ausmaß wir immer noch nicht vollständig kennen. Im siebzehnten und achtzehnten Jahrhundert wurde der Archipel zu einer wichtigen Walfangstation, und mit den Walfängern machten sich auch Wissenschaftler auf den Weg in die neuen Gebiete. Überall auf der Insel wurden Basislager eingerichtet, und etliche dieser Stationen werden heute noch betrieben. Auf Basis des Spitzbergenvertrags begannen zahlreiche Nationen, die Rohstoffe der Inseln auszubeuten. Wegen der steigenden Nachfrage nach Kohle wurde im zwanzigsten Jahrhundert mit dem Bergbau begonnen; eine Industrie, die inzwischen eingestellt wurde und von der nur noch verwaiste Siedlungen und zahlreiche Zechen übrig sind.

Der Bergbau hinterließ eine Infrastruktur, die leichten Zugang zu den künstlich angelegten Stollen bot. Diese Ausgangslage nutzte die norwegische Regierung, als sie beschloss, ihre Saatgutspeicher in einer ehemaligen Mine mit idealen Bedingungen unterzubringen: Sie war von äußeren Einflüssen abgeschottet, und der Permafrostboden garantierte stabile klimatische Verhältnisse.

1984 wurde die Nordische Genbank (NGB) gegründet. Kopien aus den Genbanken der nordischen Länder sollten hier sicher aufbewahrt werden. Die Proben liegen seit über drei Jahrzehnten im Kälteschlaf und sind bis heute perfekt erhalten. Der Erfolg des Experiments machte den Weg für die Entwicklung eines weit ehrgeizigeren Projekts frei, das nicht nur das landwirtschaftliche Erbe der nordischen Länder, sondern das der gesamten Welt sichern sollte, das *Svalbard Global Seed Vault* oder der Internationale Saatgut-Tresor Spitzbergen.

Niedrige, horizontale Polarlichter treffen auf die Betonstruktur, und der Eingang leuchtet auf. Über der Tür erzeugen verspiegelte Dreiecke ein geometrisches Relief, das das Licht in alle Richtungen reflektiert. *Perpetual Repercussion* (2008) ist eine Arbeit der norwegischen Künstlerin Dyveke Sanne, die diese augenfällige Form ausgewählt hat, um auf etwas Außergewöhnliches aufmerksam zu machen. Es handelt sich ja nicht um einen Bunker oder eine Ruine im Schnee. Hier hat die Menschheit einen Weg beschritten, die Zukunft der genetischen Vielfalt der Pflanzen zu sichern, die für die Produktion von Lebensmitteln notwendig ist. Als

Ort, an dem botanisches Wissen und Gut aufbewahrt wird, ist dies ein potenzieller Garten; ein zukünftiger Wald, vielleicht eine andere Erde. Hier schlummern Landschaften und wohnen Verbündete einer kommenden Welt; einer Welt, für die plausible wissenschaftliche Prognosen ein düsteres Bild zeichnen.

Die unterirdische Architektur besteht aus drei verschiedenen Kammern, die mit dem Eingang über einen 100 Meter langen Tunnel verbunden sind, der durch die dazwischen liegenden 40 und 60 Meter dicken gefrorenen Gesteinsschichten getrieben wurde. Die Struktur ähnelt eher der eines Sicherheitsgebäudes als eines Baus für eine verborgene Sammlung. Bunker gehören einer besonderen architektonischen Typologie an, die vor allem mit Konflikt, Angst, Gewalt und Krieg assoziiert wird. Während des zwanzigsten Jahrhunderts wurden weltweit solche Gebilde konstruiert.

Bunker spielen eine wichtige Rolle in der Kultur einer Gemeinschaft. Typologisch gesehen aus dem Konflikt geboren, sind Bunker strategische Orte, die Zuflucht und Schutz vor Feinden bieten – ihre Rolle ist also eng verknüpft mit der Grenzsicherung und dem Schutz von Staatsgebieten. Als Kriegsdenkmäler sind sie in vielen Weltgegenden integraler Bestandteil der Topografie der Landschaft. Nirgendwo sind sie so gegenwärtig – wenn sich dies über im Verborgenen gebaute Strukturen sagen lässt – wie in den Schweizer Alpen. Die Schweiz pflegt eine lange Tradition politischer Neutralität, die von einem überaus gut organisierten Militärsystem geschützt wird. Aufgrund der Geografie des Landes, das von vier einst rivalisierenden Nationen umgeben ist, gab es stets ein starkes Verlangen nach Befestigungsanlagen. Auf dem Höhepunkt des Kalten Krieges im Jahre 1963 wurde entschieden, den Bau von Schutzräumen zu forcieren, mit dem Ziel, dass im Katastrophenfall die gesamte Bevölkerung beherbergt werden sollte. Etliche dieser Unterkünfte werden immer noch genutzt, manche wurden vergessen und einige wenige umfunktioniert. Auch Europas sicherstes Rechenzentrum, bekannt als das Schweizer Fort Knox, ist eine Einrichtung, die tief in den Alpen voll klimatisiert und rund um die Uhr betrieben wird. Im Zeitalter der Informationsgesellschaft entstehen neue Architekturen und neue Landschaften, die die Sicherheitsanforderungen digitaler Archive befriedigen müssen.

Wie bei jedem anderen Garten auch, stehen die Tore dieses schlafenden Paradieses nur für einige wenige Menschen offen. Der Bau des Saatgut-Tresors wurde von der norwegischen Regierung finanziert. Die Einrichtung ist eingebunden in ein internationales Kooperationsabkommen und damit in rechtliche Strukturen, die notwendig sind, um das Vertrauen zwischen den Mitgliedern zu gewährleisten. Als das Projekt vorgestellt wurde, gab es noch keinen rechtlichen Rahmen, der die Souveränität des Saatguts hätte schützen können. Sämtliche dort gelagerten Substanzen unterlagen den Gesetzen des Landes, in dem es aufbewahrt wurde, also Norwegen. 2004 wurde der *Global Crop Diversity Trust* als unabhängige Organisation gegründet. Damit beauftragt, eine nachhaltige Nutzung des Saatguts zu gewährleisten, unterstützt der Trust nationale Samen- und Genbankinitiativen in ihren Bemühungen, Richtwerte allgemeiner Erhaltungsstandards zu erfüllen. Nicht jeder ist bereit zu kooperieren. Kleine Produzenten und lokale Saatguteigner fürchten, dass der Tresor zu ihrem Nachteil eingesetzt werden könnte, etwa dadurch, dass die Nutzungsrechte von großen landwirtschaftlichen Unternehmen angeeignet werden könnten. Der *Svalbard Global Seed Vault* krankt an der Tatsache, in seinen Beständen nicht die ganze Vielfalt des globalen Saatguts bereitstellen zu können, aber auch an der Mehrdeutigkeit seiner Richtlinien. Ein globaler Saatgut-Tresor bleibt so lange unvollständig, bis alle daran teilhaben.

Bei einer Kapazität von 2,25 Millionen Samen stellt sich die Frage, wo und durch wen diese Samen ausgewählt werden. So wie Bibliotheken Wissen repräsentieren und unter anderem dazu genutzt werden, Geschichte zu rekonstruieren, erzählen auch diese Samen eine Geschichte, doch eine unvollständige. Solange die Voraussetzungen zum Schutz einheimischen Saatguts nicht gegeben sind, und solange die verschiedenen Saatgutbanken der Welt nicht umfassend kooperieren, lässt sich die Sammlung nur als ein weiteres Machtinstrument, als ein Unterdrückungsmechanismus verstehen, der schwächere Stimmen zum Schweigen bringt.

Das Problem der kulturellen Aneignung ist heute auf allen Ebenen der Gesellschaft sichtbar. Die globalisierte und liberale Marktwirtschaft, die bis in jeden Winkel der Gesellschaft vorgedrungen und auf Menge, Schnelligkeit und Effizienz ausgerichtet ist, neigt in ihrem Wesen zu einer allgemeinen Homogenisierung. In Spitzbergen ist das Verfahren einfach: Saatgut wird von Saatgutbanken aus aller Welt eingeflogen, der *Svalbard Global Seed Vault* übernimmt dabei die Kosten. Deshalb wurde ein Stiftungsfonds zur Unterstützung von Entwicklungsländern eingerichtet. Fast alle dieser Länder und etliche NGOs sind jedoch misstrauisch und vermuten andere Interessen hinter dem Projekt. In vielen indigenen Kulturen dienen Samen nicht nur der Nahrungsmittelproduktion, sondern sie stehen für ein kulturelles Erbe, für Tradition und für überliefertes Wissen. In diesen Samen sind gewissermaßen genetische Informationen ganzer Gesellschaften und Kulturen eingeschrieben, die Tausende Jahre zurückreichen. Das Sammeln all dieses Saatguts stört den Prozess der kulturellen Reproduktion und reduziert es auf rein genetische Informationen. Es bleibt ungeschützt und ist womöglich der Agrarindustrie ausgeliefert. Diese patentiert Saatgut häufig unrechtmäßig und entreißt so das Land gewaltsam seinen eigentlichen Gärtnern.

Die genetischen Anpassungen, die die Samenkörner im Lauf der Zeit erfahren haben, sagen mehr über unsere Geschichte aus, als Worte je beschreiben könnten. Die Saatgutsammlung auf Spitzbergen ist Teil einer Vision für Zusammenarbeit und zum Erhalt der Vielfalt – ein Sicherungssystem, das darauf angewiesen ist, dass die Saatgutbanken auf der ganzen Welt bereit und willens sind, Informationen auszutauschen und miteinander zu kommunizieren. Aber der Dialog zwischen den Organisationen, seien sie privat oder staatlich, ist weit weniger romantisch als gemeinhin dargestellt. Symbolisch steht er heute für die komplexe geopolitische Situation der Arktis und für die Krisen, die sie in Zukunft womöglich zu gewärtigen haben wird. Veränderte, durch menschliches Handeln mitverursachte Wetterverhältnisse zwingen uns, neue Prioritäten zu setzen und den Zugang zu diesem potenziellen Garten zu überdenken, ihn als Aufforderung zu verstehen, die Grenzen der Teilhabe an einer Welt zu ermitteln, die wir inzwischen vor uns Menschen selbst schützen müssen.

Food for thought

Die Digitalisierung der Landwirtschaft und die zunehmende Quantifizierung und Steuerung des Pflanzenwachstums mittels Überwachungs- und Sensorsystemen haben die Anwesenheit von Menschen auf so wirksame Weise überflüssig gemacht, dass sie von den Feldern – oder aus den hellerleuchteten vertikalen Gewächshäusern – größtenteils verschwunden sind. Die Niederlande verfolgen jedoch einen anderen Ansatz zur Förderung von Gemeinschaft und Zusammenarbeit und orientieren sich an einem System, wie es sich im Silicon Valley eingebürgert hat, wo Produktion, Forschung, Experiment sowie öffentliche und private Interessen auf engem Raum aufeinandertreffen. Die beteiligten Akteure sehen sich mehr als Kollegen denn als Konkurrenten, und direkt neben den Produktionsorten befinden sich renommierte Forschungseinrichtungen. Diese Nähe regt den Dialog und den Austausch an und gibt Studenten wie Forschern die Gelegenheit, ihre Ideen vor Ort zu testen. Gemeinschaft und Kommunikation finden in diesem Modell nicht mehr nur innerhalb des Gartens statt, sondern sie reichen über die jeweiligen Mauern hinaus und bilden ein Netzwerk aus Gärten: Für die Nahrungsmittelproduktion beginnt ein neues Zeitalter, in dem sich die Grenzen zwischen Natur und Technik auflösen.

Abb. 3. Farmkomplex in Westland, Niederlande.

Evolution Square / FIFA Headquarters

Wildnis, wie wir sie uns vorstellen, ist kein starres Konzept, sondern eher ein System von kulturell konstruierten Beziehungen, das darauf angelegt ist, eine idealisierte Vision der Natur zu schaffen. In der Wildnis wird die Landschaft zu einem Modell, das – als Meditation zwischen Realität und Fiktion – die Verbundenheit des Menschen mit der Umwelt und dem Garten thematisiert. Wir leben in einer Zeit, in der uns die Simulation ermöglicht, die Sphäre der Realität auszuweiten.

Das Konzept für das Projekt »Evolution Square« zielte darauf ab, die technischen Bedürfnisse eines öffentlichen Raums mit einem Ort zu vereinen, der auch als »archäologische Stätte«

funktionieren soll. Der Ort steht dafür, wie sich die Umgebung des Zuger Sees im Laufe der Zeit entwickelt hat. Dies sollte über die Anordnung natürlicher und künstlicher, auf dem Platz verteilter Elemente sichtbar werden. Die Sitzelemente erinnern in ihrer Form an Baumstämme, wie sie im Moorland gefunden wurden, das das Gebiet einst umgab. Auf der Erde liegend, wie in einer vergessenen prähistorischen Landschaft, versehen sie den Boden mit historischen Spuren, welche als Ausgangspunkt einer neuen Geschichte dienen können. Diese aus Beton gefertigten Artefakte imitieren die Texturen jener Mammutbäume, die einst dieses Gebiet dominierten. Die Illusion der organischen Oberfläche wird durch die Plastizität des Materials erzeugt. Die umgestürzten Bäume sind zwar Modelle einer Landschaft, erschaffen als solche aber letztlich selbst Landschaft. Sie sind »künstliche Natur«, fossile Betonerzeugnisse, die langsam von der Zeit in Besitz genommen werden. Moose und Flechten gedeihen auf ihren Oberflächen und beginnen, die Grenze zwischen Original und Kopie zu verwischen.

Zur Herstellung dieser Elemente wurden Silikonmodelle von echten Bäumen abgegossen, wobei der Abdruck die Rindenmuster der Bäume wiedergibt. Der sinnliche Charakter des Holzes verlangt geradezu danach, dass man es berührt; es handelt sich um eine körperliche Kommunikation,

Abb. 4. Baumstamm-Skulpturen vor dem Transport an ihren Bestimmungsort am Sitz der FIFA, Zürich, Schweiz

die das Material mit seinem Benutzer verbindet. Anstatt durch einen immateriellen Gedanken oder mit einem Blick den Kontakt aufzunehmen, kommen Subjekt und Objekt in einer haptischen und emotionalen Erkundung der zwischen ihnen liegenden Grenzen zusammen. Es ist ein Tanz, ein ko-kreativer Akt zweier Partner. Wenn wir die Bänke betrachten, wandern unsere Augen automatisch über das dreidimensionale Artefakt, um ihm Sinn und Bedeutung abzugewinnen.

Das Modell wird zum Projekt selbst. Wie Erinnerungsstücke, die uns an vergangene Epochen denken lassen, erschaffen diese Objekte alternative Geschichten und sind dabei imstande, sich an spätere Ereignisse und gestalterische Situationen anzupassen und sie sich anzueignen. Gleich einem Katalog sich materiell manifestierender Ideen benötigen Modelle Raum und Platz, um sich zu inszenieren, um eine Bühne zu schaffen, auf der sie zu Akteuren werden können; zu Körpern, die ständig danach suchen, sich durch ihre Beziehungen im Raum neu zu definieren.

In der Architektur ist es allgemein Usus, den Maßstab als feststehend und standardisiert zu betrachten. Bei Projekten wie dem Evolution Square in Rotkreuz jedoch operieren die Modelle bisweilen mit unterschiedlichen Größenverhältnissen an einem Ort. Die umgestürzten Bäume wurden je nach Position und Verwendungszweck in ihrem Maßstab verkleinert oder vergrößert. Trotz ihrer unterschiedlichen Größe besitzen die verschiedenen Versionen eine gewisse ästhetische Homogenität, wie genetische Mutationen, die dem Projekt Abwechslung geben und seine Anpassungsfähigkeit an den Ort gewährleisten.

Eine Landschaft zu transformieren bedeutet immer, die natürlichen Prozesse zu manipulieren oder zu beschleunigen. Neue Wälder werden mit schweren Maschinen angelegt, und für Gärten vorgesehene Pflanzen werden in riesigen industriellen Gärtnereien gezogen, bevor sie in gewaltigen Frachtschiffen in alle Welt transportiert werden. Bisweilen werden sogar Parks aus vom Menschen produzierten Überschuss, aus Ruinen oder Schutt gebaut. Dieselben Hilfsmittel, die den exponentiellen Zugriff des Menschen auf seine Umgebung ermöglichen, können eingesetzt werden, um offene, gemeinschaftliche Räume zu schaffen, in denen die Beziehung zwischen Menschen und Natur neu auf dem Prüfstand steht.

Eine damit vergleichbare Situation zeigt sich im FIFA-Hauptsitz in Zürich, einem von Wald umgebenen Gelände, das sich durch eine prägnante Topografie auszeichnet. Die Wege wurden im Gelände so angelegt, dass sie die verschiedenen öffentlichen Räume miteinander verknüpfen und das neue Gebäude mit dem angrenzenden Waldgebiet verbinden. Um die Bedürfnisse der 300 Mitarbeiterinnen und Mitarbeiter, die täglich auf dem Areal arbeiten, zu berücksichtigen, wurden Erholungs- und Freizeitzonen eingerichtet. Im Gegensatz zu diesen Flächen ist der Innenhof nicht betretbar. Er dient als lebendes Diorama und als Fenster zu einer konstruierten Wildnis. Die großen Fenster bilden eine unsichtbare Einfriedung, einen Garten der Imagination und Illusion, der eine weit entfernte Landschaft simuliert. Alte Stämme verrottender Mammutbäume erheben sich über dem moosbedeckten Grund. Die eingeschränkte Zugänglichkeit weckt Staunen und Respekt, wird Teil einer unberührten Schönheit, die, in ähnlicher Weise wie die Idee der Wildnis, durch ihre Exklusivität zusätzlichen Wert gewinnt.

In diesem Innenhof gibt es mehr als sich auf den ersten Blick erschließt. Was wir auf der Bühne sehen, ähnelt einem Trugbild, auf ihr stehen sowohl natürliche als auch künstliche Elemente. Die Art, wie sich diese Objekte aufeinander beziehen, und die detailreiche Reproduktion machen es beinahe unmöglich, die nachgebildeten Teile von den echten Gegenstücken zu unterscheiden. Als direktes Produkt menschlicher Einmischung ermöglicht der Garten, eine andere Zeit, eine ferne Landschaft und eine verschobene Geografie aufscheinen zu lassen. Die Kopie lädt dazu ein, das Original anhand des Modells zu erkunden und zu analysieren; dabei wird das Modell selbst zur Realität.

II Modell als Ereignis

Bewegliche Grenzen

Die Darstellung des Territoriums anhand von Modellen war für die Entwicklung der Kartografie von entscheidender Bedeutung. Eine Karte ist weit mehr als nur ein Dokument. Sie ist eine eigene Form des Handelns. Die Praxis der Kartierung ist das Werkzeug, mit dem Architekten, Geografen, Geologen, Botaniker, Wissenschaftler, Forscher und Politiker ihre Umgebung zu verstehen und zu beherrschen versuchen. Die Überlagerung und die Schichtung der Informationen erleichtern das Erkennen von Konvergenzpunkten, von Fluchtpunkten, die zu Mustern in einem System führen. Diese Muster existieren durch ihre Darstellung, und auch wenn wir uns heute an die Genauigkeit und Detailliertheit von Karten und Geoinformationen gewöhnt haben, sind und bleiben Karten offene Dokumente, die, obgleich in ihrer Natur mimetisch, mehrere Versionen einer Geschichte anbieten. Sie sind ohne Anfang und Ende und bauen auf den subjektiven, sinnstiftenden Charakter des Lesens und Interpretierens. Die Karte ist eine Plattform für Spekulationen, die die Grenzen zwischen Wissenschaft und Kunst stets neu definieren.

Karten sind Vermittlungsinstrumente, die eine bestimmte Perspektive auf die Welt oder einen Ort zeigen, die wir verstehen wollen. Die ersten Karten, die angefertigt wurden, waren Himmelsdarstellungen. Wie das gerahmte Bild in einem umfriedeten Garten spürten diese Bildkarten den Himmelsbewegungen nach und sagten anhand der Analyse und der Darstellung von Mustern die Zukunft voraus. Die in den dunklen Innenräumen der Höhle von Lascaux gemalten Punkte geben tatsächlich die Sterne in einem Nachthimmel wieder. Diese aus dem fünfzehnten Jahrtausend v. Chr. datierenden Zeichnungen verweisen eindeutig auf jene Himmelskörper, die wir heute als Vega, Deneb und Altair sowie als die Plejaden kennen, Letztere eines der Sternensysteme, die während der gesamten Menschheitsgeschichte und in geografisch weit auseinanderliegenden Zivilisationen am häufigsten dargestellt wurden. Es war eine Frage der Fiktion und des Imaginären, eine Sache der Götter und einer menschlichen Technik, um sich mit diesem Reich zu verbinden. Diese Darstellungen, bestehend aus einer Ansammlung von Linien, schufen eine universelle Sprache. Die Umrisse und imaginären Grenzen vermittelten dem Menschen ein gewisses Gefühl der Sicherheit. Sie waren auch ein entscheidendes Instrument für den Ackerbau. Eine Linie zu zeichnen und Punkte zu verbinden, ermöglichte es, Land zu beanspruchen und sich anzueignen – eine einfache Geste, mit der die Poesie des kreativen Geistes in Dialog mit den machtgetriebenen Bestrebungen des Menschen trat, den Raum zu organisieren. Landschaft wurde zu einem »Schlachtfeld«, auf dem Macht durch das Aufbringen von Linien auf Bildträgern begründet und zurückgewiesen werden konnte.

Dass in der Zeit der Renaissance die Kartografie Teil der allgemeinen Kultur und eine anerkannte Wissenschaft wurde, erleichterte die künstliche Festsetzung solcher Grenzen erheblich. Doch die allerersten Grenzen, die der Mensch kannte, wurden von der Landschaft vorgegeben: Berge, Flüsse, Meere, Höhlen, Steilhänge und Canyons, die das Land durch Fels, Wasser und Eis unterteilten. Diese natürlichen Grenzen erfuhren anders als ihre politischen Gegenstücke nur unmerkliche Veränderungen. Die heutigen Umweltveränderungen jedoch sind Ergebnis einer anderen Zeitdimension, einer geologischen Geschichte, in der der Mensch zum wichtigsten geomorphologischen Akteur des Planeten geworden ist.

Die Landschaften, mit denen wir es in der gegenwärtigen Epoche zu tun haben, können nicht mehr in ein romantisches oder pastorales Ideal eingespannt werden, in dem das Land passiv, statisch und ein uns äußerliches Objekt ist. Die natürlichen Grenzen von gestern geraten ins Wanken, und sie verrücken nicht mehr nur im Laufe von Millionen von Jahren, sondern vergleichsweise schnell. Natürliche Schranken und Grenzen lösen sich auf und mit ihnen unsere Auffassung von Landschaft und Souveränität. Dies wird in den Alpen sichtbar – das größte Gebirge Europas, Heimat seiner höchsten Gipfel und einer der beeindruckendsten Landschaftsräume des Kontinents. Dieser im Herzen Europas verlaufende Gebirgsbogen liegt in acht verschiedenen Ländern und hat über Tausende von Jahren als Grenzwall gedient. Die Alpen sind ein Symbol für Macht, Schönheit und Erhabenheit.

Was einst in der Romantik zu besonders schönen Landschaftsgemälden inspirierte, steht nun am Rande tiefgreifender Veränderungen. Gletscher beginnen zu schwinden, legen das unter dem Eis liegende Gestein frei, verschieben bei ihrem Rückzug Gesteinsbrocken, verursachen Überschwemmungen, Schlammlawinen und Erdrutsche. Dieses Gebirge, Ergebnis von 44 Millionen Jahren tektonischer Bewegung, ist nun einer anderen Art von Druck ausgesetzt, einer für das Auge unsichtbaren, alles umfassenden Kraft.

Der Alpenraum weist eine starke kulturelle Identität auf, die bis in das sechste Jahrhundert v. Chr. zurückreicht, als noch vor der römischen

Expansion und Besiedlung die eisenzeitliche Latènekultur florierte. Allerdings begann sich erst im achtzehnten und neunzehnten Jahrhundert eine internationale Öffentlichkeit für die Region zu interessieren. Wissenschaftler, unter ihnen viele Botaniker und Geologen, sowie Künstler strömten in die Berge, um jene Wildnis zu erobern, die sie einst gefürchtet hatten. Ihnen folgten die Reisenden und die Gesundheit Suchenden. Die Alpen wurden zu einem Park, der wie jeder andere auch zwingend eine Infrastruktur benötigte, um der wachsenden Anzahl von Touristen Herr zu werden, die in dieser Landschaft einen perfekten Ausflugsort zu sehen meinten. Was einst einer Gebirgsfestung ähnelte, für die sich kaum jemand interessierte, wurde zum Tummelplatz der Elite, die die Topografie in ein gesellschaftliches Ereignis, ein Naturspektakel umdeutete. Wandern und Bergsteigen wurden zu einem Spleen und die Passage durch die Alpen Teil der sogenannten Grand Tour.[2] Das Zeitalter der Entdeckungen brachte für das Land enorme Veränderungen mit sich, als, um der wachsenden Nachfrage nachkommen zu können, der Ausbau der Infrastruktur begann. Kurz nachdem die Villen um die Alpenseen mit den ersten Gärten geschmückt waren, wurden Eisenbahngleise gelegt, die noch bis in die hintersten Winkel dieses geologischen Labyrinths vordrangen. Nun konnte jeder Mensch an Orte gelangen, die bisher nur wenigen zugänglich waren, und sich von jenen Naturwundern faszinieren lassen, die heute langsam am Verschwinden sind.

Die wissenschaftlichen Prognosen sind alles andere als ermutigend. Fast alle stimmen darin überein, dass bis zum Ende des Jahrhunderts sämtliche Gletscher abgeschmolzen sein werden. Die steigende globale Temperatur verschiebt die Vegetationslinien immer weiter nach oben, so dass sich die betreffenden Ökosysteme völlig verändern. Wo es früher keine Vegetation gab, wachsen nun Pflanzen, und wo Skigebiete lagen, liegt jetzt im Winter nur noch Matsch. Das driftende Eis und der auftauende Permafrost erschüttern die Fundamente zahlreicher Infrastrukturen und führen für Touristen wie für Einwohner zu gefährlichen Situationen. Die Schweiz hat verschiedene Strategien entwickelt, um den Anstieg der Temperaturen abzumildern, einmal durch den Einsatz modernster Technologien, zum anderen durch eher rudimentäre Methoden wie etwa das Abdecken der Gletscher mit überdimensionierten weißen Planen. Wenn der Schnee schmilzt und sich mit Schmutz verbindet, absorbiert dessen Farbe das Sonnenlicht. Dadurch wird das Abschmelzen beschleunigt, was für weitere Instabilität sorgt. Das für den Schutz der Landschaft nötige Zubehör sorgt für ein fast absurdes Spektakel und formt ein geradezu erbärmliches Landschaftsbild aus. An-

Abb. 5. Rhone-Gletscher mit isolierenden Planen, Schweiz.

dere Maßnahmen wie beispielsweise der Einsatz von Schneekanonen sollen die Touristen davon abhalten, in andere Ferienregionen zu reisen. Das Ergebnis ist ein amüsanter und starrsinniger Versuch, das Unbestreitbare hinauszuzögern: dass die Wirtschaft leiden wird, wenn der Wintersport in den Alpen, der jährlich 70 Milliarden Dollar umsetzt und 44 Prozent der Skifahrer weltweit anzieht, allmählich in die Binsen geht.

Naturelemente, die einst als Bezugspunkte zwischen den Ländern funktionierten, beginnen sich zu verändern. Sie untergraben die Fundamente der Staaten und zwingen sie, ihre Territorien neu zu definieren. Eines dieser umstrittenen Gebiete ist der Grenzbereich zwischen Italien und der Schweiz. 1648 wurden im Rahmen des Westfälischen Friedens die Grenzen festgelegt. 1752 passte man in einem weiteren Dokument, dem Vertrag von Varese, die Grenzziehung an; eine Karte, die 1941 mit dem Abkommen von Bern formalisiert wurde. Allerdings musste in Anbetracht der Tatsache, dass die die Territorien Italiens und der Schweiz betreffenden Referenzlinien abschmelzen, ein neues Konzept erarbeitet werden. Italien hatte bereits mit einem ähnlichen Problem an der Grenze mit Österreich zu tun gehabt. Die Situation nötigte die beiden Länder, sich auf eine eigentlich unvorstellbare Vereinbarung, nämlich eine »bewegliche Grenze«, zu einigen. 2008 verständigten sich die beiden Nationen auf ein neues System, und es wurde eine flexible Zone geschaffen, um die Ausdehnung und Schrumpfung von Gletschern sowie die unberechenbaren Auswirkungen steigender Temperaturen zu berücksichtigen. Die aufgrund des Klimawandels auf der Erde stattfindende Umstrukturierung erreicht mittlerweile jeden Aspekt der Gesellschaft und zwingt uns sogar, das, was wir für genaue, feste und unanfechtbare Referenzpunkte der Definition von Land hielten, neu zu zeichnen.

Die Gartenmauer verschiebt sich ständig; sie umfasst heute, in Form der Atmosphäre, die ganze Welt. Die in *einem* Garten waltenden Kräfte beeinflussen die Gärten auf der anderen Seite der Erde. Selbst die Granitmassive der hohen Alpengipfel können dem Wandel nicht widerstehen. Einen Garten abzusichern, hängt nicht länger von unserer Fähigkeit ab, seine Umfriedung festzulegen, sondern davon, wie wir mit den Zwischenräumen umgehen, die heute unseren Planeten prägen.

Wandernde Landschaften

Bei der Konzeption eines Gartens spielen Pflanzen eine zentrale Rolle. Diese lebenden Organismen verändern sich mit jeder Jahreszeit und bringen verschiedene Formen, Farben, Gerüche und Texturen mit sich, die im Jahresverlauf immer wieder neu erlebt werden können. Seit ihren Anfängen war die Gartenarbeit eine Tätigkeit, die sowohl die Sorge um den Garten als auch die Sorge um die Mitmenschen beinhaltete. Die Kultivierung von Pflanzen war auch eine Kultivierung von gegenseitiger Achtung und bot zugleich einen Erholungsraum und einen Ort der Reflexion. Die Pflege des Gartens war ein fortlaufender Prozess, in dem die Menschen, da sie erkannten, dass alles um sie herum wichtig für ihr eigenes Wohlergehen war, für sich Sorge zu tragen lernten. Mit Pflanzen ließ sich ein menschengemachtes Paradies erschaffen, und der Garten wurde zu einer Bühne, auf der sich Empathie kultivieren ließ.

Das Pflanzenwachstum im Garten ruft ein komplexes Spiel von Ordnung und Chaos hervor. Die Wahl der Pflanzen ist nicht nur eine Frage der Ästhetik, sondern hängt von der Qualität des Bodens ab, von Wind und Wasser und der für den Ort spezifischen Temperatur. In der kargen Wüste, in der die ersten Gärten Persiens lagen, war Wasser elementar. Es ließ die ausgewählten Pflanzen erblühen, zog aber auch unerwünschte Arten an. Vögel, die von den Gartenmauern nicht abgehalten wurden, fanden in den Wüstenoasen Zuflucht. Pflanzen wanderten aus dem Garten in die Landschaft und fanden eine neue Heimat in einem Ökosystem, an dessen Erschaffung sie durch spontane Umsiedlung selbst Anteil hatten.

Die Pflanzenmigration ist ein Phänomen, das die Ausbreitung der Arten über den gesamten Planeten befördert. Pflanzensamen wandern, von den Kräften des Wetters veranlasst, über neue Territorien und beanspruchen nach und nach das Land für sich. Dies stellt Landwirte und Naturschützer vor schwierige Fragen, bedrohen doch viele Pflanzen die bestehende Vegetation. Zu den Hindernissen, die die Pflanzen überwinden müssen, zählen nicht nur natürliche Grenzen. Die Gesetzgebung des Menschen etwa unterteilt die Arten in die Kategorien einheimisch und invasiv. Paradox genug, können invasive Arten auch für das regionale Ökosystem vorteilhaft und sogar notwendig sein, da sie unter Umständen besser gerüstet sind, um gegen die überall auf der Welt spürbaren raschen Klimaveränderungen bestehen zu können.

Die Verbreitung ist für die Vitalität von Pflanzenarten unerlässlich. Wetterbedingungen wie der Wind, aber auch Flüsse und Tiere haben dabei immer eine aktive Rolle gespielt. Befördert wird diese Bewegung nicht nur durch den physischen Austausch von Pflanzen aus verschiedenen Regionen, sondern auch durch Landnutzung und wirtschaftliche Praxis, die das Leben und die Verbreitung dieser Pflanzen indirekt beeinflussen. Mit der Verbreitung durch den Menschen, der Anthropochorie, konnten Pflanzen große Entfernungen zurücklegen und an Orte gelangen, an denen die zugewanderten Arten heute als integraler Bestandteil örtlicher Identitäten angesehen werden.

Eine alte Postkarte aus Locarno – eine Bildercollage, die für die Kultur und Tradition eines Orts stehen soll – zeigt das Gesicht der Region. Locarno, eine Stadt im Kanton Tessin, liegt am nördlichsten Punkt des Lago Maggiore, eines Gewässers, das sich von Norden nach Süden quer über die italienisch-schweizerische Grenze erstreckt. Auf der italienischen Seite liegt die Isola Madre, auf der die Chinesische Hanfpalme (*Trachycarpus fortunei*) mittlerweile heimisch geworden ist. Die Pflanze wurde ursprünglich als Zierpflanze verkauft und angesiedelt, um die pittoresken Ideale eines erstarkenden Bürgertums zu befriedigen. Fern ihrer ursprünglichen Heimat und ohne ihr Dazutun eingeführt, gilt die Pflanze heute als invasiv.

Mit dem von der Familie der Borromäer seit dem fünfzehnten Jahrhundert angelegten botanischen Garten beherbergt die Insel heute eine der meistbesuchten Touristenattraktionen der Region. Die Isola Madre, die größte der Borromäischen Inseln, ist von einer üppigen Vegetation bedeckt; über acht Hektar erstrecken sich terrassenförmig angelegte Gärten mit Pflanzen aus allen Teilen der Erde. In der als englischer Garten gestalteten Anlage blühen jedes Jahr Blumen und Bäume aus aller Welt. Es war ein Zeichen von Status und Kultur, Gewächse aus weit entfernten Gegenden herbeibringen und anpflanzen zu lassen. Gärten waren eine Form passiver Kolonisierung, bei der man sich fremde Länder zu eigen machte, indem man ihre Pflanzen kultivierte. Diese Übertragungen waren Ausdruck der Machtverhältnisse und stellten zugleich eine Möglichkeit zur Erhaltung und Pflege dar. Durch harte Arbeit, Disziplin und Geduld stellte sich eine Beziehung her, die auch auf Respekt, Neugier und Staunen basierte.

Biologischer und kultureller Austausch haben weltweit eine lange Tradition, aber erst im Zeitalter der Entdeckungen, das vom fünfzehnten bis ins achtzehnte Jahrhundert reichte, fand dieser Austausch im globalen Maßstab statt. Fortschritte

Abb. 6. Isola Bella und Isola Madre im Lago Maggiore, Postkarte, 1890–1900, Italien.

in der Segeltechnik und ein gesteigertes kartografisches Interesse an den Rändern der Welt führten dazu, dass der Mensch Neuland erkundete. Dabei entstand zwischen den verschiedenen geografischen Orten ein unablässiger Informations- und Warenfluss. Die Pioniere kamen von ihren Reisen und ihren Begegnungen mit fernen Völkern mit Schätzen zurück: Edelmetalle, Textilien, Nahrungsmittel, Bücher und neue Ideen. Importiert wurden aber auch weniger reizvolle Mitbringsel. So zum Beispiel gefährliche Krankheiten oder unbekannte Schädlinge. Daneben führten die Europäer fremdartige Feldfrüchte wie Mais und Kartoffeln mit, die sich gegenüber den neuen klimatischen Bedingungen als äußerst resistent erwiesen. Dank diesen damals unbekannten Arten bekamen

Menschen auf der ganzen Welt eine neue Waffe in die Hand, um den Hunger zu besiegen.

Inseln sind ökologische Mikrokosmen; sie fungieren als *hotspots* für seltene Arten und genetische Anpassungen, die zur Artenvielfalt beitragen. Durch das Wasser von ihrer Umgebung abgeschnitten, werden sie schnell zu einer einzigartigen Bühne, auf der die Kräfte von Mensch und Natur einander modellieren. Die geografischen Bedingungen an der Grenze zwischen Italien und der Schweiz bilden eine Art »feste Mauer« um den See, wodurch auch die Isola Madre vor den Nord- und Ostwinden geschützt ist, die von den höchsten Gipfeln der Alpen wehen. Gärten wie die Isola Madre erwiesen sich als erfolgreiche Experimente bei der Schaffung von Miniaturwelten. Die exotische Pflanzensammlung ermöglichte eine Art Überlagerung von Umwelten und trug einen Hauch von Wildnis in die Annehmlichkeit der Häuser. Aber bei jedem Experiment besteht die Gefahr, dass unvorhersehbare Faktoren die Ergebnisse stören; der Moment tritt ein, an dem die Erprobung einer evolutionären Ökologie außer Kontrolle gerät und die Umgebung affiziert. Das ist der Fall bei *Trachycarpus fortunei*; die Hanfpalme verwilderte und ist nun paradoxerweise zu einem Wahrzeichen der Region geworden.

Die die oben erwähnte Postkarte schmückenden Palmen kommen nicht nur auf der Isola Madre vor. Das historische Dokument teilt uns mit, dass die Palmen bereits zu Beginn des zwanzigsten Jahrhunderts die Grenze des Tessins überwunden hatten und nach Norden, Richtung Alpen gewandert waren. Untersuchungen zeigen, dass der *Trachycarpus fortunei* durch Wind, Tiere und den Menschen von der Insel an das Seeufer gelangte, wo sich die Pflanze ansiedelte und ausbreitete. Die Bewohner, fasziniert von dem kontrastierenden Landschaftselement einer Palme in einem alpinen Kontext, begannen, sie in der gesamten Gegend und auf beiden Seiten der politischen Grenzen in ihre Privatgärten zu pflanzen. In den 1980er Jahren drang der Baum auch in die Berglagen vor und setzte seine ungeplante Ausbreitung fort, die von Experten als gefährlich für das ökologische Gleichgewicht der Region betrachtet wird. Das Mikroklima der Region förderte die rasche Fortpflanzung und trieb sie in immer höhere Lagen. Die ökologische Nische und das Fehlen konkurrierender Arten beschleunigten ihren Vormarsch in Richtung Waldzone, und angesichts steigender Temperaturen droht sie sich noch weiter auszubreiten.

2014 wurde der *Trachycarpus fortunei* durch das Schweizer Bundesamt für Umwelt zu einer invasiven Art und einer Gefahr für die örtliche Biodiversität erklärt. Dies wirft Fragen auf, wenn man bedenkt, dass die Einführung dieser Pflanzen sowie die veränderten und für ihr Wachstum und ihre Ausbreitung förderlichen klimatischen Bedingungen vom Menschen verursacht sind. Indes ist der Gartenbau auch Kommunikation, Zusammenführung verschiedener Ideen, Orte und Kulturen. Die einst exotische Palme – heute so vertraut, dass sie zu einem Symbol und zu einem Postkartensujet für die Region geworden ist – demonstriert bei ihrer Eroberung der Südalpenregion nicht nur das Potenzial pflanzlicher Anpassung und den Einfluss menschlicher Kulturpraxis, sondern sie erinnert auch an die Verschiebung der Grenzen, die durch die veränderten klimatischen Bedingungen ausgelöst wurde. Der *Trachycarpus fortunei* steht für einen Wandel, der uns die Migrationsbewegungen lebender Arten aus einer anderen Perspektive verstehen lässt. Er wirft Fragen hinsichtlich des Bestandschutzes und der Folgen ökologischer Dynamiken auf, die die Artenvielfalt der Erde garantieren.

Der unfreiwillige Park

Die Technologie hat es den Menschen ermöglicht, Gärten zu schaffen; gleichzeitig gibt sie uns jene Werkzeuge in die Hand, die sie zerstören. Fortgeschrittene Techniken nähren weiterhin den unstillbaren Wunsch der Menschheit, die physischen Grenzen des Territoriums zu verändern und neu zu definieren. Anstatt von kleinräumigen und wechselhaften Wetterverhältnissen abhängig zu sein, können wir uns heute mit unserem eigenen Licht versorgen, unsere eigene Sonne bauen und unsere eigene Natur schaffen. Die Simulation des Paradieses verführt uns mit idealisierten Versionen der Wildnis, deren Allgegenwart es fast unmöglich macht, die Grenzen der Illusion zu erkennen. Der Garten bleibt stets ein Symbol des Lebens und seiner Energien.

Das Wasser in seinem Lauf zu kontrollieren, ist bei der Realisierung eines Gartens nie nur eine ästhetische Komponente oder eine Geste des Überflusses – der Natur zu trotzen ermöglicht uns, Macht zu beweisen. Wie bei den Licht emittierenden Gewächshauslandschaften der Niederlande gestattet uns die Unabhängigkeit von Sonnenlicht, eine Ökonomie aufzubauen, bei der der Mensch unabhängig vom Wetter ist. Eine sich aus Echtzeitinformationen speisende Technikutopie, die auf der Digitalisierung mechanischer Prozesse beruht.

Die Umformung des Landes zur Energiegewinnung hat einen völlig neuen Landschaftstypus entstehen lassen, der inzwischen einem gängigen Typus angehört. In einer zunehmend digitalen und mobilen Welt, die auf Ressourcenausbeutung basiert, halten diese sorgfältig geplanten Land-

schaften unser tägliches Leben in Gang. Solar-
felder in Spanien, Windkraftanlagen in Deutschland sowie Dämme und Stauseen in den Alpen
sind ein gewohnter Anblick in einer Zeit, in der
sich die Welt auf eine drohende Verknappung der
Ressourcen vorbereitet. Die Technologien, die
unsere vermeintliche Utopie mit Energie versorgen, sind die gleichen, die unser Landschaftsbild
radikal transformieren.

Energie war schon immer eine wissenschaftliche, soziopolitische und wirtschaftliche Trieb-
kraft. Nie zuvor war dies so deutlich wie während
des atomaren Wettrüstens zwischen den Vereinigten Staaten und der Sowjetunion. Zur Zeit
des Kalten Krieges sind einige der auffälligsten,
aber auch spürbarsten Umwelttransformationen
der Geschichte vorgenommen worden. Bomben
wurden in der Luft, unterirdisch und im Meer
gezündet und setzten radioaktives Material frei,
Partikel, die noch immer durch Meeresströ-
mungen verfrachtet werden, in der Atmosphäre schweben oder tief in unseren Böden – auch
in unseren künftigen Gärten – zu finden sind.
Die an Land hinterlassenen Narben bilden dra-
matische Kriegslandschaften; künstliche Krater
schreiben der Wüste eine Topografie des Auf-
ruhrs ein. Im Rahmen des Manhattan-Projekts
wurde am 16. Juli 1945 die erste Atombombe
auf dem Trinity-Testgelände in der Wüste der

White Sands gezündet. Sie trug den Namen *The Gadget* (deutsch: »das Gerät«, aber auch: »technische Spielerei«). Der Test markierte sowohl den Beginn des Atomzeitalters als auch den Anfang einer neuen geologischen Epoche – eines neuen Bezugssystems, in dem der Mensch für die fundamentalen Veränderungen auf dem Planeten verantwortlich ist, wie beispielsweise für den Anstieg des Meeresspiegels, die Austrocknung der Wälder und das Schmelzen der Gletscher.

Als die Bombe explodierte, gab es kein Geräusch, nur einen Lichtblitz – alles war blendend weiß. Nach dem atomaren Blitz bildete sich ein Pilz aus Rauch und Feuer, der anwuchs und sich nach allen Seiten ausbreitete; eine Wolke, die über zwölf Kilometer in die Höhe stieg. Die Druck- und eine Geräuschwelle kamen 40 Sekunden später, sie waren so stark, dass sie gegen die Beobachter drückten, deren Körper von der entfesselten und unsichtbaren Energie der Bombe getroffen wurden. Sie ahnten nur wenig von den Folgen, die diese überwältigende *lightshow* für die Erde haben würde.

J. Robert Oppenheimer, der »Vater der Atombombe«, erinnert sich an die Reaktion der Wissenschaftler, die Zeugen des Ereignisses waren: »Manche lachten, manche weinten, die meisten schwiegen.«[3] Ihm selbst ging, als er das Ergebnis der Forschungen und Untersuchungen seines

Teams sah, etwas anderes durch den Kopf, nämlich eine Zeile aus der *Bhagavad Gita*, einer heiligen Schrift des Hinduismus, die er so wiedergibt: »Ich bin der Tod geworden, Erschütterer der Welten.«[4] Bald danach, nämlich am 6. und am 9. August 1945 wurden ähnliche Atomsprengköpfe mit den Codenamen *Little Boy* und *Fat Man* über Hiroshima und Nagasaki abgeworfen. Die beiden Bomben, die Japan zur Kapitulation zwangen und damit den Zweiten Weltkrieg beendeten, zerstörten die beiden Städte und belegten das Land mit dem Fluch anhaltender radioaktiver Kontamination. Genau an dem Punkt, an dem die erste Bombe zur Explosion gebracht wurde, wurde ein 3,5 Meter hoher schwarzer Obelisk aus Vulkangestein errichtet. Das Denkmal mit einer entsprechenden Tafel wurde 1965 von Mitgliedern der US-Armee als Erinnerung an das Ereignis aufgebaut. Zehn Jahre später wurde eine zweite Tafel hinzugefügt. Anders als ihr Vorgänger wurde sie sowohl von der Armee als auch von der Nationalparkbehörde angebracht, um an den 30. Jahrestag des Tests zu erinnern. Das Denkmal markiert einen bestimmten historischen, aber auch präzisen geografischen Punkt; es gemahnt uns an eine wissenschaftliche Errungenschaft, die unsere Fähigkeit bezeugt, das Land zu gestalten und Macht darüber auszuüben. Dieser neu geschaffene Ort wurde, von der Geschichte tief geprägt und durch

Wissenschaft kultiviert, in einen Park umgewandelt: Mit der Zeit verschieben sich die Grenzen des »Gartens«.

Die Fähigkeit des Menschen, die neuentdeckte Energie zu zähmen, veränderte nicht nur den Lauf der Geschichte, sondern führte auch zu einer neuen Methode der Erzeugung jener begehrten Elektrizität, die unsere moderne Kultur und ihre Landschaft nährt. Zwei Jahre nach Eisenhowers Rede »Atoms for Peace« vor der UNO-Vollversammlung 1955 sah die Welt zum ersten Mal einen funktionierenden Kernreaktor. Richtlinien für die kommerzielle Nutzung dieser Technologie wurden festgelegt, und in den folgenden Jahren entstanden Reaktoren in den Vereinigten Staaten, im Vereinigten Königreich und in der Sowjetunion. Als Teil des sowjetrussischen Atomenergieprogramms baute man in Tschernobyl, das an der heutigen Grenze zwischen der Ukraine und Weißrussland liegt, ein Atomkraftwerk. 1977 wurde der erste Reaktor fertiggestellt. Es folgten drei weitere, und ein fünfter war im Bau, als am 26. April 1986 die in den Mauern dieses Reaktors gespeicherte Energie freigesetzt wurde und die Welt ihre größte Nuklearkatastrophe erlebte.

Als es in Tschernobyl zu einer Kernschmelze kam und daraufhin zu einer Explosion, wurden große Mengen radioaktiver Strahlung freigesetzt –

vierhundert mal mehr als bei der Hiroshima-Bombe. Die radioaktive Wolke erstreckte sich über große Gebiete der Sowjetunion und einen Großteil Europas, betraf jedoch vor allem die unmittelbare Zone um den Reaktor. In der Stadt Pripjat starben an diesem Tag 31 Menschen, aber auf lange Sicht lag und liegt die tatsächliche Zahl der Todesopfer weit höher. Die Gefahren, die bis heute von der Langzeitbelastung durch Radioaktivität ausgehen, werden noch untersucht.

Als Folge der Katastrophe entstand eine große Sperrzone, in der eine unsichtbare Kraft jeden, der einzudringen versuchte, zu verletzen drohte. 100 000 Menschen wurden dauerhaft evakuiert, und in dem Bestreben, die Kontaminierung einzudämmen, fing man alle größeren im Umkreis gefundenen Tiere und tötete sie. Zurück blieb eine sterile, dystopische, postnukleare Ödnis. Die immense Leere war aber nicht von Dauer. Ohne sich der unendlichen Verweildauer der Strahlung bewusst zu sein, begannen Tiere, Pflanzen, Bakterien und Pilze schon bald wieder in die Zone einzudringen. Die Zone wurde, in den Worten des Science-Fiction-Autors Bruce Sterling, ein »unfreiwilliger Park«.

Heute sind fast alle Isotope bereits so weit zerfallen, dass sie sich in einem stabilen Zustand befinden, während Überschwemmungen und Regenfälle die Radioaktivität bis tief in den Boden verteilt haben. Der neue Park hat sich durch frisches, energetisch aufgeladenes Leben regeneriert und – auf der unsinnlichen Natur der Radioaktivität beruhend – ein einzigartiges Ökosystem geschaffen: eine radioaktive Ökologie und ein Produkt menschlicher Einmischung, bei der der Mensch nur eingeschränkt mitwirken kann. Diese kulturell generierte Landschaft gleicht einer altertümlichen Zeit – einer Projektion eines ursprünglichen Naturzustands auf Ruinen, die die Menschheit in dem Bestreben, ihrer eigenen Zukunft näher zu kommen, zurückgelassen hat. Die Geschöpfe haben ein Zuhause gefunden, in dem wir abwesend sind und das wir für einen alptraumhaften und im Zerfall begriffenen Raum erachten. Indem wir eine Grenzlinie zwischen radioaktiven und nichtradioaktiven Gebieten gezogen haben – eine zufällige Barriere, die den Garten vor dem Gärtner bewahrt –, haben wir eine neue Wildnis geschaffen.

Einst verzehrten wir die Früchte der Bäume, wohingegen wir uns heute an der Energie der Landschaft laben. Letztlich führte beides zur Vertreibung aus dem Paradies; im Gegensatz zu den Paradiespforten wurden die unsichtbaren Grenzen der Radioaktivität jedoch von uns selbst errichtet. Jim Smith, Leiter des internationalen Forschungsteams, das Belege für die florierende Wildnis in der »Zone« gesammelt hat, spricht davon,

Abb. 7. Przewalskipferde im Sperrgebiet von Tschernobyl, Ukraine.

dass dieses kulturelle Desaster, das für eine der
schlimmsten Katastrophen der Menschheitsgeschichte steht, letztlich zur Rückkehr und Verbreitung einst existierender Ökosysteme beigetragen
hat und zugleich eine neue Ordnung geschaffen
hat, die auf mutierenden Lebensformen beruht.

Mithilfe der Technologie und mittels sorgfältig geplanter Konstruktionen, Abläufe und
Operationen vermögen wir einen erstaunlichen
Wirkungsgrad zu erreichen, bei dem der Energiekonsum den Bedürfnissen der Verbraucher, den
Besonderheiten des Bodens und den Eigenarten
der Orte, die für diesen Typ des *energy-farmings*
ausgewählt wurden, angepasst sind. Der Garten
allerdings ist ein Spiegel, der das Zusammenwirken von etwas Größerem zeigt: eine Ökologie, die

alle Elemente zusammenführt. Ein Garten kann nur erfolgreich sein, wenn er seine Rolle als Simulation versteht und dem Unerwarteten Raum lässt. In einer Welt, in der die Landschaft kulturell konstruiert ist, sind die Wildnisse Mutationen einer Idee, die ihre Bedeutung nicht verliert – eine Erinnerung an eine Geschichte, die wir oft gerne vergessen würden, und die Bewahrung eines Ökosystems, das wir an den Rand der Auslöschung gebracht haben.

III Modell als Miniatur

Masoala Halle

Wir denken meist, das Wetter sei einer der wichtigsten Faktoren bei der Verbreitung von Samen und der Anpassung von Neophyten. Über große Entfernungen ist es aber der Mensch, der vor allem dazu beiträgt. Wir sind auch als einzige Spezies imstande, Technologien zur künstlichen Schaffung von klimatischen Bedingungen einzusetzen. Von einem geografischen Mikroklima unter offenem Himmel wendete sich der Mensch einer kulturell produzierten, geschlossenen Gartenumwelt zu, in der nicht länger die Naturkräfte die Parameter für ein nachhaltiges Pflanzenwachstum diktieren. Im Fall von *Trachycarpus fortunei* – der chinesischen Hanfpalme – machte es das auf einem Inselgarten im Lago Maggiore geschaffene Mikroklima möglich, dass das Gewächs aus den Grenzen des Gartens entwich und nach und nach benachbarte Gebiete besiedelte.

Gewächshäuser waren immer integrale Bestandteile des Gartens. Als Garten im Garten versetzen diese geschlossenen Umwelten den Menschen in die Lage, die für den Anbau verschiedener exotischer Pflanzen nötigen Bedingungen zu schaffen. Die Geschichte des Glashauses oder Gewächshauses reicht bis in die römische Zeit zurück. Im Jahr 30 n. Chr. ließ Kaiser Tiberius die erste solche Struktur bauen; angeblich einzig des Vergnügens willen, jeden Tag Gurken essen zu können. Das Gemüse gedeiht nur in der sommerlichen Hitze, und so musste eine Alternative gefunden werden. Dieser erste Versuch zur Klimaregulierung bestand in einem fahrbaren, mit zwei Rädern ausgestatteten Karren, mit dem man der Sonne folgen konnte. Nachts oder bei windigem Wetter wurde ein Tuch über den Aufbau gelegt, damit in seinem Inneren keine Wärme verloren ging. Der Mensch begann zu erkennen, dass das Wetter eingehaust und technisch geregelt, die Natur künstlich nachgeahmt werden konnte.

Die ursprünglich *specularia* genannte Generation von Treibhäusern ebnete den Weg für die in einem Gebäude untergebrachten botanischen Gärten, die im dreizehnten Jahrhundert erst in Italien und später in ganz Europa aufkamen. Anfangs konnten sich nur wohlhabende Personen, wie etwa die Familie der Borromäer auf der Tessiner Isola Madre, den Bau und den Unterhalt solcher architektonischen Anlagen leisten. Gleichwohl stieß der erzieherische Aspekt des Phänomens bald auf ein breiteres Interesse und fand Eingang in die allgemeine Kultur. 1545 wurde an der Universität Padua der erste botanische Garten der Welt gegründet. Er diente nicht nur der Betrachtung, sondern dem Studium, und wurde zu einer Plattform, auf der die medizinischen Eigenschaften von Pflanzen untersucht wurden. Der Garten wurde zu einem Bildungsmodell, das neue wissenschaftliche Disziplinen wie Medizin, Chemie, Ökologie und Pharmazie hervorbrachte. Mit der Verbesserung der Bautechnik wurden die Glashäuser immer elaborierter und größer, bis sie in der viktorianischen Ära ihren Höhepunkt erreichten.

Im zwanzigsten Jahrhundert und mit der Entwicklung der geodätischen Kuppel nahmen die Treibhäuser eine neue Form an: große, zu riesigen Anlagen verbundene Flächen; eine Kombination aus künstlichen Elementen, die es dem Publikum erlaubte, fremde Orte zu erleben, ohne dort tatsächlich anwesend sein zu müssen. Durch den Zugang zu anderen Wirklichkeiten und anderen Landschaftstypen wurde die städtische Welt mit der exotischen Welt da draußen verbunden. Glashäuser wurden zu einem Reich der Einbildungskraft, zu Orten des Staunens.

Kuppeln sind Bauformen, die seit den ersten Siedlungen zur Menschheitsgeschichte gehören. Von der Arktis bis in die Wüsten der Mongolei stellten sie seit jeher formbildende Elemente der Architekturgeschichte dar. Mit diesen halbkugeligen Gebilden lassen sich Material, Licht und Größe optimal einsetzen, doch erst mit der Entwicklung der geodätischen Kuppel wurde das physische und psychische Potenzial dieser Bauform wirklich ausgeschöpft. Buckminster Fuller, der Erfinder des geodätischen Systems im zwanzigsten Jahrhundert, gehörte einer Bewegung an, die effiziente, helle und preisgünstige Häuser für jedermann bauen wollte. Die geodätische Kuppel ist eine triangulierte dreidimensionale Haut, die der Gestalt unseres Planeten nachempfunden ist und im Verhältnis zu ihrer Oberfläche den volumenreichsten umbauten Raum aufweist. Diese Art der Optimierung erwies sich seinerzeit als wesentlich für die weitere Entwicklung der Gewächshäuser und ebnete den Weg für radikal neue Ideen, die die Erde als geschlossenes, sich selbst regulierendes System betrachteten.

Ein wilder Dschungel, aus dem unterschiedliche Tierlaute dringen, ist umgeben von einer leichten Stahlstruktur mit semitransparenten Öffnungen. Draußen ist es Winter, und eine dünne Schneeschicht bedeckt die Stadt, die Luft im Inneren aber ist heiß und feucht. Wir betreten gleichsam eine andere Dimension und befinden uns im *Spaceship Earth*: ein aus dem Zusammenhang gerückter Anblick – eine technische Simulation, die fremde Landschaften in völlig andere Ökosysteme versetzt. Der starke Kontrast zwischen der

Abb. 8. Masoala Halle, Zoo Zürich, Schweiz.

Landschaft im Inneren und der anderen, draußen, schärft die Sinne und lässt einen völlig in den Raum eintauchen. Hoch oben in den Baumwipfeln sitzen Lemuren und warten auf die Nacht, in der sie aktiv werden. Langsam bewegen sich Chamäleons in allen möglichen Farben und Formen von einem Ast zum nächsten. Das Auge wandert über die Vegetation und erhascht eine Fledermaus, die mehr wie eine orangengroße Pelzkugel aussieht. Wir blicken nach oben, und ein diffuses Licht verweist auf eine andere klimatische Gegebenheit; Spuren von Schnee liegen noch auf der Umhüllung.

Dieses neue Biotop für den Züricher Zoo wurde mit 11 000 Quadratmetern umschlossener Fläche im Jahr 2003 eröffnet. Dabei folgte man einer vom Weltverband der Zoos und Aquarien festgelegten Strategie, die das für die

Entwicklung von Wildnis- und Naturschutzprojekten erforderliche Rahmenwerk liefert. Aufgrund des geschlossenen Hallensystems sind die Zoomitarbeiter in der Lage, die Umwelt zu kontrollieren und die optimalen Bedingungen für die Evolution und die Vermehrung spezifischer Lebensformen sicherzustellen.

Madagaskar, östlich des afrikanischen Kontinents im Indischen Ozean gelegen, ist die viertgrößte Insel der Erde; sie ist berühmt für ihre außergewöhnliche Artenvielfalt. Neunzig Prozent aller Tier- und Pflanzenarten sind endemisch, viele davon sind inzwischen aufgrund veränderter Klimakonditionen gefährdet. Im Norden Madagaskars reicht eine kleine Halbinsel hinaus ins Meer. Die Einzigartigkeit ihrer Umwelt machte es zwingend notwendig, für ihren Erhalt zu sorgen. Offene Systeme sind leicht veränderlich und leicht zu beeinflussen, da sie ungeschützt den äußeren Kräften und den atmosphärischen Dynamiken ausgesetzt sind. Um das Überleben der fremden tropischen Landschaft im Herzen Zürichs zu gewährleisten, wurde ein geschlossenes System konstruiert und ein modernes Glashaus entwickelt.

Die Durchführung dieser Aufgabe war anspruchsvoll und umfasste unter anderem den Umzug und Transport von mehr als 17 000 einzelnen Pflanzen aus über 500 Arten, wovon 39 auf der Roten Liste der IUCN (International Union for Conservation of Nature) stehen. Inzwischen sind mehr als 100 der in der Halle befindlichen Bäume höher als 20 Meter, wobei mehr als 100 Arten auf einem gesonderten, 1000 Quadratmeter großen Areal wachsen.

Die geografische Abgeschnittenheit, die zu Madagaskars einzigartigem Ökosystem beigetragen hat, könnte unter Umständen auch eine wichtige Rolle für sein Verschwinden spielen. Größere Klimaveränderungen könnten im Süden der Insel zu trockeneren und kühleren Temperaturen führen, wodurch Wälder zurückgedrängt und die Landschaft stärker durch Taifune und Stürme bedroht würde. Ob die einzelnen Arten diese Veränderungen überleben, hängt von ihrer Fähigkeit ab, den Standort zu wechseln und sich anzupassen. Sollte ihnen das nicht gelingen, werden viele verschwinden. Millionen Jahre isolierter Evolution auf der Insel haben sehr eigentümliche Arten hervorgebracht, doch aufgrund des mangelnden Kontakts zur Außenwelt ist es für sie schwierig, mit dem Tempo des Klimawandels Schritt zu halten. Projekte wie die Masoala Halle verdeutlichen, wie wichtig es für den Schutz dieser Orte ist, dass sich der Mensch ihrer annimmt. Geografische Verbreitung ist somit nicht nur eine Folge der sich ändernden biologischen und klimatischen Bedingungen, sondern auch ein Instrument zur Sicherung der ökologischen Vielfalt unseres Planeten.

Die Masoala Halle ist nicht nur ein botanischer Garten, sondern auch die Nachbildung einer gefährdeten Umwelt. Die immersive Ökologie der Halle macht es möglich, Landschaften von einem Ort zum anderen zu versetzen; sie ist eine Einladung in eine andere Welt, die nur durch eine kontrollierte Umgrenzung möglich ist. Diese verwaltete Landschaft wird keine natürlichen Wälder ersetzen können, aber in ihrer wohlüberlegten Mischung aus Tier- und Pflanzenarten fördert sie die Biodiversität. Es sind erzwungene Migrationen, die nicht nur dazu dienen, fremde Landschaften zu schützen, sondern uns dabei helfen, Landschaften als Teil eines Ganzen und Masoala als Teil unseres Zuhauses zu verstehen.

IV Modell als Medium

Grenzökologien

Ein zweigeteilter Wald. Geteilte Natur – Überreste einer vergessenen Vergangenheit. Durch die geopolitische Situation ist der Białowieża-Wald alles andere als ein typischer Nationalpark. Zwischen Polen und Weißrussland gelegen, ist er einer der letzten weitgehend ursprünglichen Wälder Europas – der Überrest eines Ökosystems, das noch bis ins vierzehnte Jahrhundert den größten Teil des Kontinents überzog. Jedes Jahr lockt der Wald Besucher aus aller Welt an, die ein Stück unberührter Schönheit und Wildnis erleben wollen, mit seinen umgestürzten und moosbedeckten Baumstämmen, die ungestört verrottend langsam wieder mit der Erde, aus der sie stammen, eins werden und den unzähligen Pflanzen, Insekten und anderen Tieren Zuflucht und Nahrung bieten (Abb. 9). Was aber als unberührte Landschaft erscheint, ist im Grunde das Ergebnis menschlicher Eingriffe und der Bewirtschaftung des Landes.

Sogar der Wisent, ein einstiger Bewohner dieser Wälder, der nach dem Ersten Weltkrieg als

Abb. 9. Wald von Białowieża, Polen.

Wildtier ausgestorben war, wurde wieder aus der Gefangenschaft ausgewildert und kehrte an seinen ursprünglichen Ort zurück. Doch der Wald zwingt Naturschützer, Holzfäller und Bürger dazu, ihre Rolle beim Schutz dieses Gebiets zu überdenken, und zeugt zugleich von der Wirkungslosigkeit auf einer Karte gezogener Linien, wenn es um die Eingrenzung bestimmter Ökosysteme geht.

Der Białowieża-Wald nimmt ein Gebiet von 141 885 Hektar ein. Sein üppiges Ökosystem liegt zwischen der borealen und gemäßigten Zone und beherbergt etliche Pflanzengesellschaften, darunter den Linden-Eichen-Hainbuchen-Wald (*Tilio-Carpinetum*), den Kiefern-Eichen-Mischwald (*Pino-Quercetum*) sowie Tierarten wie den Wolf (*Lupus lupus*), den Luchs (*Lynx lynx*), den Steinadler (*Aquila chrysaetos*), den Schlangenadler (*Circaetus gallicus*), den Bartkauz (*Strix nebulosa*) und andere mehr. Als Übergangszone begünstigt er eine üppige Biodiversität.

Der Wald hat eine lange Bewirtschaftungsgeschichte. Er war Privatbesitz und 1426 für König Władysław Jagiełło Zufluchtsort vor der Pest; er war Siedlungsgebiet, bestehend aus kleinen, über den Wald verstreuten Dörfern, und Jagdgrund; er war während des Ersten Weltkriegs und im polnisch-sowjetischen Krieg Schlachtfeld und diente später als Forstwirtschaftsgebiet und wichtige Holzressource. Letztere stellt auch heute noch die größte Bedrohung für den Wald dar, seit das polnische Umweltministerium 2016 beschlossen hat, den Holzeinschlag in der Białowieża-Region zu verdreifachen. Die noch schwelende Kontroverse hat zu einem Urteil des Europäischen Gerichtshofs geführt, wonach die polnische Regierung des illegalen Holzeinschlags für schuldig befunden wurde; ihm fielen bereits über 10 000 Bäume zum Opfer, darunter viele, die mehr als hundert Jahre alt waren.

Wegen der delikaten Situation des Waldes mussten die unterschiedlichsten Interessengruppen – einerseits die beiden Regierungen, die dieses einzigartige Ökosystem verwalten, andererseits die örtliche Bevölkerung und weitere Institutionen – ihren Beitrag leisten und zusammenarbeiten. Die teilweise divergierenden Interessen verdeutlichen, wie dringend die Frage des Naturschutzes überdacht werden muss und wie wichtig politische Institutionen zur Erhaltung unserer Wälder sind. Die Überlappung verschiedener nationaler und internationaler Umwelt- und Naturschutzeinrichtungen hat zu Unstimmigkeiten und zu einem administrativen Chaos geführt. Im polnischen Naturschutzgesetz vom April 2004 sind vier verschiedene Bestimmungen aufgeführt sowie zwei weitere, die internationalen Vereinbarungen entstammen. Die Liste der Umweltschutzstrategien ist lang, und die Unterschiede zwischen ihnen sind nur schwer auszumachen. Alle beruhen auf Einhegungskonzepten, auf der Abgrenzung bestimmter Gebiete; alle überlagern sie den Garten mit weiteren Gärten und schaffen eine auch begrifflich verwirrende und chaotische Landschaft: Wald von Białowieża, Belaweschskaja puschtscha, Białowieża-Nationalpark, Naturreservat, Natura 2000, Landschaftsschutzgebiet, Biosphärenreservat Białowieża, Waldkomplex von Białowieża, Weltnaturerbestätte Białowieża-Wald. Letztere ist für unsere Landschaftsrecherchen besonders wichtig geworden, da sie auf einer Naturdefinition beruht, die inzwischen veraltet ist.

Das Konzept des Erbes wurde schon seit langem herangezogen, um zu bestimmen, welche Dinge auf der Erde wichtige menschliche Werte darstellen. Als legislatives und politisches Instrument grenzt es Raum ein und beschränkt ihn auf ein bestimmtes Territorium. Das lateinische *patrimonium* (Erbe) setzt sich zusammen aus *pater* (Vater) und *munus* (Pflicht). Im Ausdruck klingt also eine Verbindung zur Geschichte und zu familiären Wurzeln an – eine Würdigung vorhergehender Generationen und bestimmter Plätze durch Schutz und Erhalt der Überlieferung. Mit anderen Worten, das Konzept des »Erbes« bezieht sich auf eine besondere historische Erinnerung und eine kulturelle Identität, die sich sowohl in materieller als auch immaterieller Form äußert. Eine der wichtigsten gesetzlichen Maßgaben, um den Schutz des Welterbes zu gewährleisten, ist die UNESCO, eine internationale Organisation, die Zusammenarbeit, Sicherheit, Gerechtigkeit und Frieden fördert. Das UNESCO-Welterbeprogramm setzte 1976 auch Białowieża auf die offizielle Liste der Welterbestätten, um die außergewöhnlichen Naturwerte dieses Urwalds zu schützen. Aber erst mit der neuen Konvention von 2003 – der Konvention zur Erhaltung des immateriellen Kulturerbes – wurden sowohl die Natur- als auch die Kulturwerte eines Orts in vollem Umfang als Erbe eines Lands anerkannt. Dies führte letztlich zu einer vagen Vorstellung dessen, wie Naturschutz durchzuführen sei, und zerstörte die alten Vorstellungen von Wildnis.

Dieser neue administrative Rahmen fungiert als Modell für neue Narrative, in denen das Erbe sowohl menschlichen als auch nichtmenschlichen Akteuren zugute kommen soll: eine integrale Landschaftsvorstellung, in der Wildnis als kulturelles Konstrukt in Erscheinung tritt.

Über ungefähr 600 Jahre stand der Wald als Jagdgebiet für polnische und litauische Könige und russische Zaren unter Schutz. In dieser Zeit beschäftigte das Königtum ungefähr dreihundert Forstleute, um das Gelände zu bewachen und den Wald vor Wilderei und Holzeinschlag zu schützen. Ein Teil der Vergütung bestand darin, dass die Waldhüter sich in dem Gebiet ansiedeln und den Wald nutzen durften. Der Forst war in zwei unterschiedliche Zonen aufgeteilt, eine für die Könige und eine andere für die Forstleute und ihre Familien. Während der russischen Besatzung wurden gelegentlich Bäume gefällt, aber erst mit dem Ersten Weltkrieg, als die deutschen Streitkräfte das Land eroberten und der Holzeinschlag im großen Maßstab begann, veränderte sich das Ökosystem Białowieżas grundlegend. Zu dieser Zeit war der Wisent schon ausgestorben. Nach dem Krieg wurde das Waldgebiet durch ausländische Holzunternehmen um ein Drittel reduziert. Erst 1921 erklärte man das gesamte Gebiet zum Nationalpark. Die Einmischung des Menschen hat die Erscheinungsweise des Urwalds, den wir in Białowieża heute sehen, nicht nur verändert, sondern geformt. Heute liegen die verrottenden Eichen zwar noch so auf dem Boden, wie es seit Hunderten von Jahren der Fall ist, doch nun zieht sich ein Hochweg durch den Wald, der neue Schranken und Grenzen einzieht – in einer Ökologie, die diese nicht anerkennt. Diese halbherzigen Versuche, die Landschaft in einem »ursprünglichen« Zustand zu halten, formen das Land letztlich gemäß einer kulturell bedingten Wildnisvorstellung und drängen ihm eine kontrollierte und stark inszenierte Sicht von Natur auf.

Der Białowieża-Wald ist mehr als nur ein durch politische Unterteilungen und wirtschaftliche Interessen definiertes Territorium. Er ist eine Sphäre der biologischen Vielfalt und die Heimat von über 250 Vogelarten, 1500 Pilzarten, Elchen, Wölfen, Luchsen, Bibern, Wildschweinen und der größten wildlebenden Wisentpopulation. Die ursprüngliche Natur dieser Landschaft beruht auf Schutzmaßnahmen von Behörden, die sich auf Ökosysteme und den Wert, den sie für die Erde darstellen, konzentrieren und sie nicht als Eigentum von Nationalstaaten betrachten sollten. Ob diese Landschaft überlebt, hängt von der Zusammenarbeit der Menschen und von der Erkenntnis ab, dass Ökologie keine Grenzen kennt, sondern lediglich Übergangsbereiche, die ein bestimmtes

Potenzial bergen: Potenzial für Vielfalt und für Orte, an denen Anpassungen erprobt werden können.

Der Białowieża-Wald gehört zu einem territorialen, kulturellen System, das von Naturkräften und anthropischen Kräften geformt wurde. Die Geschichte des Walds beruht auf Wandel und Entwicklung. Das sind die Werte, die erhalten und geschützt werden müssen. Die Einmischung des Menschen kann katastrophale Folgen zeitigen, aber auch von unschätzbarem Wert sein. Der Gärtner muss alles tun, um eine Balance zwischen Leben und Tod, Schöpfung und Zerstörung zu finden – ein Bestreben, das es schließlich gestattet, neue Ökosysteme zu schaffen, deren Elemente harmonisch koexistieren können. Was wir als ursprünglich und wild betrachten, ist letztlich ein Garten, der unser emotionales und psychologisches Bedürfnis nach scheinbar unberührtem Land befriedigt. Naturschutzstrategien, die auf dieser irrtümlichen Vorstellung basieren, werden sich als unzureichend erweisen. Nur wenn wir uns als Teil dessen begreifen, was wir zu schützen bestrebt sind, werden wir imstande sein, die Schönheit dieses kulturell konstruierten ökologischen Labors zu bewahren.

Rectory Farm

Unter unseren Füßen liegen verborgene Natur-
erzählungen. Schenken wir den verschiedenen
Schichtungen geologischer Strata unsere Auf-
merksamkeit, kann uns dies in der Zeit zurück-
transportieren und uns die dynamischen Kräfte,
die unseren Planeten formen, spüren lassen. Auch
in urbanisierten Gebieten lassen sich ähnlich viel-
schichtige Bedeutungen finden, vom Menschen
entworfene und gebaute Schichtungen von Wirk-
lichkeit. Rectory Farm, ein bereits in Auftrag ge-
gebenes Projekt, wird den größten in den letzten
hundert Jahren angelegten Park in London bilden.
Die einzigartige Situation dieser besonderen Stelle liegt in den vertikalen Schichten verborgen, die
das Land kennzeichnen. Die ehemals landwirt-
schaftlich genutzte Fläche in Hounslow, einem
Vorort von London, liegt auf ungefähr 3,4 Millionen Tonnen Kies – einem für Londons boomen-
des Baugewerbe unerlässlichen Material.

Das zurzeit brachliegende Gebiet ist für die
Öffentlichkeit gesperrt und durch Vandalismus
und Vernachlässigung verwüstet worden, doch
seine Lage ist auf lokaler wie regionaler Ebene von
strategischer Bedeutung. Rectory Farm gehört zu
einem Netzwerk großer offener Flächen im Umkreis Londons, die zusammen einen Grüngürtel
bilden, eine Pufferzone, die das Gelände gegen die

chaotische und mitunter unkontrollierbare Stadt-
zersiedelung schützt. Sie bietet einen Zugang in
die Region, einen Durchgang in den Colne Valley Regionalpark, der 43 Quadratkilometer mit
Flussläufen von 200 Kilometern Länge und zahl-
reichen Seen umfasst. Die Landschaft dieser Region ist wie meistens aus einer Kombination von
geologischen, klimatischen, hydrologischen und
menschlichen Aktivitäten entstanden. Zwar trifft
man hie und da noch auf das einstige Waldland,
doch der größte Teil des Gebiets ist weitgehend
durch die rapide industrielle Entwicklung am
Ende des achtzehnten Jahrhunderts umgeformt
worden. Wegen der raschen Stadtentwicklung
Londons geriet die Gegend damals unter Druck;
verbreitet wurden Bodenmineralien abgebaut.
Auf dem Land verstreut blieben Kiesgruben zurück, von denen 70 später mit Wasser gefüllt
und in Seen verwandelt wurden – eine fabrizier-
te Landschaft, die die Spuren ihrer industriellen
Vergangenheit überdeckt.

Rectory Farm bietet eine Chance, sich kritisch
mit solchen fabrizierten Landschaften auseinan-
derzusetzen und diese als Orte mit Potenzial zu
sehen: als Möglichkeit, Landnutzungen in verschiedenen Maßstäben miteinander zu verbinden. Das Projekt operiert dabei auf unterschiedlichen Ebenen: Auf der Oberfläche befindet sich
ein sichtbarer und öffentlich zugänglicher Park,

Abb. 10. Rectory Farm, London, England.

darunter ist ein Lagerort für den abgebauten und für das Baugewerbe vorgesehenen Kies. Das Gebiet wird schrittweise entwickelt; dabei wird eine Top-down-Abbaumethode eingesetzt, eine Strategie, mit der das Material abgebaut und zugleich die oberste Bodenschicht für andere Zwecke erhalten werden kann. Die Top-down-Methode mildert die Probleme, die mit einem offenen Tagebau verbunden sind, indem sie durch die Anlage eines Parks für die Regenerierung der Oberfläche sorgt. Durch dieses Vorgehen kann der Park erhalten und gleichzeitig der darunter liegende Kies abgebaut werden. Mittels der vor Ort fixierten Struktur wird dem Zwischenraum nach und nach der Kies entnommen, während parallel dazu der Park als Erholungsort genutzt werden kann.

Die Bauschritte erfolgen phasenweise über einen Zeitraum von 30 Jahren. Durch das genannte Vorgehen bleibt der Park für die Öffentlichkeit zugänglich; die Fläche vergrößert sich dabei stets, bis schließlich die vorgesehene Gestalt erreicht ist. Damit wird er praktisch zum größten Dachgarten der Welt.

Der entstehende Park ist ein Modell dafür, wie in der Zusammenarbeit von Landschaftsgestaltung und Architektur gleichzeitig verschiedene Probleme in Angriff genommen werden können. Die Anlage wird schließlich auch den größten unterirdischen Raum im Land bieten, mit 180 000 Quadratmetern Fläche bei einer Höhe von acht bis zehn Metern. Der 1,2 Quadratkilometer große Park wird nicht nur den sonst fehlenden öffentlichen Raum für die angrenzenden Wohngebiete bereitstellen, sondern auch 177 500 Quadratmeter Lagerfläche schaffen und somit öffentliche und private Interessen unter und auf seinem Dach vereinen. In Analogie zum Saatgut-Tresor auf Spitzbergen schützt der verborgene Speicher eine Kulturlandschaft und damit ein Gut, das die Zukunft des Gartens Erde bedeuten könnte.

V Modell als Narrativ

Via Giulia

Via Giulia ist der Name eines von *Vogt Landschaftsarchitekten* noch zu realisierenden Projekts an der gleichnamigen, für die Stadtgeschichte Roms bedeutenden Straße. Die Geschichte beginnt 1508, als Papst Julius II. eine Strategie zur Stadterneuerung ersann, mit der das mittelalterliche Rom belebt und modernisiert werden sollte. Geplant wurde die Straße vom Architekten Donato Bramante, der gleichzeitig für eine andere Baustelle verantwortlich war: den Petersdom. Die Verkehrsachse selbst wurde unter anderem auch deshalb gebaut, um der großen Zahl von Gläubigen, die zu der neuerrichteten Kirche pilgerten, eine geschützte Passage zu bieten. Sie bot zudem eine sichere Strecke für Kaufleute, die vom Flusshafen Ripa Grande in Richtung Stadtzentrum und Marktareal unterwegs waren. Die Via Giulia wurde zum Rückgrat der Stadt und eine wichtige Achse der Infrastruktur. Die einen Kilometer lange Straße verläuft in einem leichten Winkel parallel zum Tiber, den sie schließlich schneidet.

An dieser Stelle und bevor sie auf das Flussufer trifft, wird sie von einer Brücke überspannt, die ein Gebäude mit einem Privatgarten verbindet. Die Mauern dieses *giardino segreto* sind hoch, und nirgends gibt es einen Eingang; er sollte privat bleiben. Doch grüne Kletterpflanzen sind unkontrolliert nach außen gedrungen und tauchen die Mauern in ein sattes farbiges Grün; sie künden von der Anwesenheit des Gartens. Auf halber Strecke und gegenüber des Ponte Giuseppe Mazzini liegt diese Stelle, die darauf wartet, wiederbelebt zu werden; der Ort des Projekts Via Giulia.

Der ummauerte Garten wird für die Öffentlichkeit zugänglich sein und dennoch durch seine Umfriedung und seine Mauern rätselhafte Eigenschaften behalten. Drinnen ist es still und ruhig; ein Raum, der mit dem lauten, lebhaften Treiben, das diesen Ort umgibt, kontrastiert. Große Bäume sorgen für Schatten und unterschiedliche Lichtsituationen, während kleinere Obstgewächse die Luft mit einem Duft füllen, der an das Paradies erinnert. Mit ihrer Einfachheit vermittelt uns die Anlage das Gefühl, dieser Garten sei schon immer hier gewesen und seine Mauern bergen uralte Geschichten – einen zeitlosen Schatz. Mit seinen alten Bäumen und Klettergewächsen, Wasserbecken voller Pflanzen und überwucherten Mauern handelt es sich um einen alten, neu entdeckten Ort, der wieder zugänglich für seine

Anwohner und Besucher ist; Teil der langen Geschichte römischer Gärten, die es noch in der Umgegend gibt. Diejenigen, die diesen Ort betreten, werden sich an die ruhigeren Zonen der Orti Farnesiani auf dem Palatin oder die entlegeneren Stellen in der Villa Borghese erinnert fühlen, gewissermaßen die Allegorie einer bedeutsamen Gartengeschichte in Form einer zeitgenössischen urbanen Struktur. Eine erhöhte Terrasse verbindet die Mauer und die Grünanlage topografisch. Auf ihrem Gelände befinden sich Skulpturen, Brunnen und sogar eine archäologische Stätte aus der Römerzeit. Von außen verheißt der Garten Grün und Ruhe. Das Blätterdach der Bäume reicht über die Mauern hinaus; Schlingpflanzen und Kletterrosen scheinen dem Garten zu entkommen. Offene Tore und Fenster erlauben einen Blick ins Innere. Die an der Seite der Via Giulia stehenden Platanen sind beschnitten und bilden eine zweite Schicht über der Mauerkrone; sie machen die Straße freundlicher. Zum Fluss hin lenken die über die Mauern ragenden Wipfel der Pinien den Blick über die Brücke. Sie positionieren den Garten als grünen, zurückgesetzten Ort entlang der Tiberpromenade.

Tagsüber gewähren schön geschmiedete Tore Einlass. Die serpentinenartigen Wege bilden eine Erzählung, die verschiedene Momente und Geschichten zu einer Einheit verbindet. Auf teilweise

Abb. 11. Garten an der Via Giulia, Rom, Italien.

überwachsenen Pfaden lassen sich die verschiedenen Teile des Gartens entdecken, und Bänke, Stühle und sogar Liegestühle bieten Sitzgelegenheiten und Zuflucht vor der Hektik außerhalb der Mauern. Die Grenze, die den Ort zusammenhält, ist ein integraler Bestandteil des Gartens. Der Garten bietet zum Teil offen und sichtbar verschiedene Nutzungen, wobei auch unterirdisch verborgene Aktivitäten stattfinden. Um den in jeder größeren Stadt vorhandenen modernen Autoverkehr zu beherbergen, galt es, den verfügbaren Raum zu optimieren, und dafür sollte er veränderlich sein und sich verschiedenen Bedingungen anpassen. Unter dem blühenden Garten befindet sich ein Parkhaus, das für die Öffentlichkeit gegen Gebühr zugänglich ist. Durch diese verschiedenen Nutzungen kommt der Garten sowohl den praktischen als auch den emotionalen Bedürfnissen seiner Benutzer entgegen; eine Grenze, die eher verbindet als trennt.

Lohsepark

Öffentliche Plätze sind niemals statisch. Ob sie funktionieren, hängt von ihrer Fähigkeit ab, sich an Bewegung anzupassen. Der Durchgang wird diktiert von der Form, den Proportionen und den Achsen des Orts, der wiederum durch die Pflasterung sowie die Bepflanzung und die Unterteilung in Bereiche markiert wird. Der Lohsepark liegt zwischen Wasser: eine Geschichte, die auf drei verschiedenen Ebenen stattfindet – ein Park in drei Akten. Der neu geschaffene 4,4 Hektar große Stadtpark, der im Rahmen des Stadtentwicklungsprojekts HafenCity in Hamburg-Mitte geplant wurde, nimmt auf die Gartentradition und -kultur sowie auf die parkähnliche Anlage des neuen Stadtteils Bezug: eine Kombination aus offenen Flächen und dicht bebauten Arealen, die der Stadt einen Ausblick in ihre urbane Zukunft verschafft. Das Terrain in Form eines langgestreckten Rechtecks ist auf seinen Schmalseiten von Wasser und auf den Längsseiten von Wohnhäusern umgeben. Es bietet eine neue offene Fläche für die Ham-

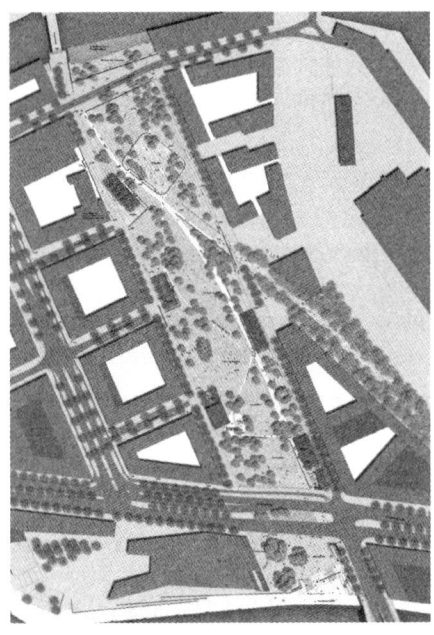

Abb. 12. Grundriss des Lohseparks, Hamburg, Deutschland.

burger Innenstadt und Gelegenheit, Freizeit und Kontemplation miteinander zu verbinden. Der Park ist nicht lediglich eine weitere urbane Grünfläche, sondern auch Mahnmal einer Geschichte, die nicht vergessen werden darf. Der Ort wird ein Amalgam verschiedener Nutzungen, deren jede auf eine andere Dimension verweist, wobei städtische und historische Ebenen zu einem neuen Park und öffentlichen Raum fusionieren.

Von der Innenstadt kommend sind die Haupteingänge in Form von Bastionen oder Terrassen gestaltet, die durch ihre Positionierung verschiedene Blickwinkel artikulieren und innerhalb des Parks als Landmarken dienen. Diese Durchgangsräume bieten unterschiedlichen gesellschaftlichen Aktivitäten Raum und stellen dank ihrer Topografie eine flexible Bühne dar, wo Stufen zu Bänken werden und unterschiedliche Zuschauer am Geschehen teilnehmen können. Die Materialien sind eine Anspielung auf das Umfeld des Parks und die reiche Bautradition der Stadt. Die Materialität der wabenförmigen, speziell für den Park entworfenen Backsteine spielt auf diese Geschichte an. Die manchmal festen, manchmal durchbrochenen Mauern stellen die Idee der Grenze als ein absolutes und beschränkendes Element infrage und bieten stattdessen durchlässige architektonische Module, die Räume mittels Durchblicken aneinanderfügen. Über 530 Bäume wurden angepflanzt. Doch nicht allein ihre Zahl ist wichtig, sondern auch ihre Anordnung. Die Bäume gehören zu einer Reihe von Zieranlagen oder *follies*, die an ein und demselben Ort verschiedene Ereignisse und Geschichten kreieren. Gleich, ob es sich um dicht gesetzte Bäume, einen kleinen eingezäunten Miniatururwald oder eine Grotte handelt, entlang der verschiedenen Routen des Parks rufen diese *follies* verschiedene Erlebnisse

Abb. 13. Lohsepark, Grotte, Hamburg, Deutschland.

hervor, Miniaturwelten, die die Neugier wecken und durch ihre Wirkung auf die Sinne Spiel und Engagement fördern.

Als öffentlicher Raum schenkt der Lohsepark den Bewohnern der Stadt und den Bürgern der HafenCity Freude und Ruhe, doch darunter liegt eine weitere historische Schicht. Der Park befindet sich an der Stelle des Hannoverschen Bahnhofs, von dem aus während der Naziherrschaft über 8000 Juden, Sinti und Roma in die Vernichtungslager deportiert wurden. Das *denk.mal Hannoverscher Bahnhof* liegt einen Meter tiefer als die Ebene des Parks und bis zu drei Meter unter der Stadtebene, mit einer eigenen Architektur und einem eigenen Charakter.

Die auf den Park gerichteten Bahngleise verlaufen oberirdisch auf einem Bett aus weißem

Kies und verschwinden am Horizont, wenn sie sich vom Park entfernen. Die an die Oberfläche kommenden Gleise erinnern uns an eine düstere Epoche. Zur Erinnerung an die Menschen, die gegen ihren Willen aus ihren Wohnungen geholt wurden und zumeist nie mehr zurückkehrten, wurden ihre Namen auf Glastafeln gedruckt, die von einem Betonsockel gestützt werden.

Um das Denkmal stehen keine Mauern, die den Durchgang von Passanten auf dem Platz beschränken würden. Im Gegenteil, die Gedenkstätte ist integraler Bestandteil des Parks und muss als solche offen bleiben. Nur Spuren gibt es, die andere Gefühle evozieren und andere Bewegungen, andere Verhaltensweisen verlangen. Eine geschichtete Realität, basierend auf einer Reihe von Geschichten, die die Bewegung über den Platz zu einer einzigartigen Erfahrung werden lassen.

Das letzte Neuland

Die Antarktis im Süden, eine von Wasser umgebene Insel, und die Arktis im Norden, ein von Land umgebenes Meer: Über lange Zeiträume waren diese beiden Gebiete beinahe so etwas wie eine Fantasie. Unerforscht und kartografisch nicht erfasst, standen die Pole für das Unzugängliche und Unvorstellbare. Am Ende des neunzehnten Jahrhunderts begann das Zeitalter der Polarforschung. Den geografischen Punkt zu erreichen, an dem sich Breitengrade und Längengrade überschneiden und eins werden, bedeutete mehr als nur eine Möglichkeit, ein Territorium zu beanspruchen und neue Welten zu entdecken. Es war im Wesentlichen eine psychologische Reise, bei der die Begriffe von Größe und Maßstab selbst zur Diskussion standen. Mit dem langsamen Abschmelzen der Polkappen zeigt sich der Horizont in einem neuen Licht. Das Eis bricht und gibt das Wasser, das es bedeckte, frei. Was einst das letzte Neuland war, schmilzt nun rasch ab und entlässt gewaltige Mengen Wasser und eingeschlossene Luft ins Meer und in die Atmosphäre, bringt damit überall auf der Welt Inseln und Küstenstädte in Gefahr, bedroht Unterwasserökologien, beschleunigt das Artensterben und beraubt indigene Völker ihres Lands, ihrer Heimat und ihrer Lebensgrundlagen. Angesichts der physischen, politischen und ökonomischen Veränderungen der arktischen Landschaft öffnen sich aber auch neue Möglichkeiten – die Arktis wird zu einem Ort der Kommunikation und des Dialogs.

Steigende Temperaturen verändern nicht nur in den Alpen und in den angrenzenden europäischen Ländern die Natur der Grenzen. Sie bedrohen auch jenes Gebiet der Erde, das von der Erwärmung am meisten betroffen ist, die Arktis. Von den hochalpinen Bergzügen tauchen wir tief hinab ins Meer und stoßen auf Unterwasserberge, die, dreitausend Meter hoch, hinter dem Horizont und unter den schmelzenden Eiskappen dem Blick entzogen sind. Weil die Stabilität der Region von einer neuen geopolitischen Situation bedroht ist, kommt diese unsichtbare Landschaft plötzlich zum Vorschein. Sie betrifft jene Nationen, die an dieses relativ kleine Gewässer im arktischen Meer grenzen. Die Arktis, ein von Land umgebener Wassergarten, der durch seine verborgenen territorialen Einschreibungen Interpretationsspielraum bietet: Auf dem Boden des Ozeans hat sich so eine neuartige Landschaft ausgebildet. Ein neues Netz ist auf den Boden des Ozeans gelegt worden; es handelt sich um eine Infrastruktur, die sich über eine maritime Landschaft zieht und die von der Kommunikationstechnologie betrieben wird.

Die Erkundung der Arktis lässt sich bis ins Jahr 325 v. Chr. zurückverfolgen, als der griechische Entdecker Pytheas bei seiner Suche nach Zinnvorkommen im hohen Norden auf ein gefrorenes Meer stieß. Auch Tausende Jahre später motiviert die Suche nach Rohstoffen noch immer die Erkundung der Arktis. Es wird geschätzt, dass in der Region annähernd zwanzig Prozent

Abb. 14. Unterwasserkabel.

der weltweiten Öl- und Gasreserven liegen. Da die Rohstoffvorkommen immer knapper werden, bieten der Schutz und die Erweiterung von Territorien eine Möglichkeit, den Markt für Kohlenwasserstoffe zu kontrollieren. Aufgrund ihres tückischen und unzugänglichen Charakters blieb die Region bisher vor Ausbeutung und Kolonisierung geschützt. Jetzt, da sich die Bedingungen ändern und sich neue Schifffahrtspassagen öffnen, wird die einst unberührte Landschaft im Wettlauf um die Kontrolle neuen Territoriums von Wissenschaftlern, Regierungen, von Militär und privaten Energieinvestoren heimgesucht. Auch konservative Schätzungen sagen voraus, dass die Arktis im Jahr 2050 komplett eisfrei sein wird; in den kommenden hundert Jahren könnten die Temperaturen zwischen vier und sieben Grad ansteigen. Die Arktis hat seit den 1980er Jahren bereits mehr als drei Viertel ihrer Eismasse verloren, und die in dieser vergleichsweise kleinen Region der Erde stattfindenden Veränderungen werden Auswirkungen auf unsere Welt haben, deren Art und Ausmaß wir noch nicht völlig verstehen.

Die Länder, die sich um den arktischen Ozean streiten – Kanada, USA, Dänemark/Grönland, Norwegen und Russland – beanspruchen Souveränität über das Land. Das Meer nimmt eine Fläche von 14 056 Millionen Quadratkilometern ein und verfügt über ein Kontinentalschelf, das größer als in allen anderen Ozeanbecken ist. Der Ozean ist in zwei Tiefseebecken unterteilt, das eurasische Becken und das amerikanische Becken. Die weitgehend unerforschte Unterwasserwelt hat zu Spannungen zwischen den konkurrierenden Nationen geführt; unter Wasser wurde das Ozeanbett in Länder aufgeteilt.

Mit dem Seerechtsübereinkommen aus dem Jahr 1982 wurde von den Vereinten Nationen (UNCLOS) der Rechtsrahmen für die Regelung territorialer Ansprüche und die Einrichtung legitimer maritimer Gerichtsbarkeiten geschaffen. Das Ergebnis war die nach der grönländischen Stadt benannte Ilulissat-Erklärung. Der Vertrag legt fest, dass jeder Staat Anspruch auf 370 Kilometer vor der Küste hat und diesen auf 648 Kilometer erweitern kann. Diese anscheinend einfache Richtlinie hat das Konzept der Küstenlinie auf den Kopf gestellt. Länder erkunden nun die Ränder ihrer Kontinentalschelfe und haben eine neue Welle der arktischen Unterwasserforschung ausgelöst, die 2007 ihren Höhepunkt erreichte, als ein russisches U-Boot während der Arktika-Expedition direkt unter dem geografischen Nordpol in etwa 4200 Metern Tiefe die Landesflagge auf den Meeresboden pflanzte, um symbolisch die Vorherrschaft über die Arktis zu erklären. Obwohl dem Gesetz jegliche Legitimität fehlte, löste es eine Reihe von hitzigen Debatten aus, die vor allem die Geologie und die Plattentektonik bemühten, um Rechte an einer bestimmten Region geltend zu machen.

Souveränitätsstreitigkeiten sind nicht nur auf das arktische Meer beschränkt, sondern betreffen auch die Rechtsprechung der Nordwestpassage, der Beaufort-See sowie mancher Inseln. Die einst gefahrvollsten und schwierigsten Routen stehen heute für den internationalen Containerverkehr offen und verkürzen die sonst übliche Route über den Panamakanal um mehr als ein Drittel. Die Sicherung dieser Seewege und die unangezapften Ölressourcen unter Wasser sind Teil einer militärischen und wirtschaftlichen Agenda geworden, die zu einer großen Unsicherheit in der Region führt. Regelmäßig patrouillieren russische Kriegsschiffe, und die kanadische Regierung hat ihren nationalen Verteidigungshaushalt aufgestockt, um in Eisbrecher, Truppenübungscamps und Militärbasen investieren zu können.

Doch unter den an der Oberfläche stattfindenden Operationen entfaltet sich eine andere Landschaft, eine der Kommunikation und Zusammenarbeit. Während das Eis langsam abschmilzt und die Grundlage zerstört, die einst sämtliche arktischen Nationen einte, gedeiht im Ozeanbett eine neue Infrastruktur, deren Zweck einzig und allein darin besteht, Informationen von A nach B zu übermitteln. Während also die Autonomie markierenden Linien langsam abschmelzen, werden Kilometer von unterseeischen Hochgeschwindigkeitskabeln verlegt. Mehr als 885 000 Kilometer Kabel liegen schon auf dem Meeresboden, und inzwischen sind fast 400 Kabel in Betrieb. Dieses Unterwassernetzwerk füttert einen wachsenden Kommunikationsbedarf und ist für 95 Prozent des gesamten internationalen Datenverkehrs verantwortlich. Die Glasfaserkabel sind vor allem für die Datenverbindung zwischen den Märkten bedeutsam, bei denen eine schnellere Kommunikation einer größeren Kontrolle und daher höheren Profiten gleichkommt.

Die Etablierung und Begrenzung der konkurrierenden Wirtschaftszonen in der Arktis schafft eine neue Geografie, in der die Kabelstränge, anders als die Linien auf einer Landkarte, keine Einhegungen schaffen, sondern eher als Eintrittspunkte funktionieren und Pfade miteinander verbinden, die den weltweiten Datenfluss choreografieren. Diese infrastrukturellen, meistenteils unsichtbaren Landschaften operieren unter dem Radar und werden nicht von Staaten, sondern von Privatfirmen betrieben.

Die Länder, die diese Gegenden besetzen, sehen in Hoheitsfragen die Möglichkeit, den Zugang zu den verborgenen Infrastrukturen zu bestimmen. Denn diejenigen, die für die Transportsysteme verantwortlich sind, werden darüber entscheiden können, welche Dinge transportiert werden dürfen und wie. Der unter dem tauenden Eis des arktischen Meeres verborgene Schatz hat, obwohl für die Öffentlichkeit unsichtbar, Einfluss auf unser Leben. Doch über Wasser werden in den genannten geografischen Gebieten Stimmen zum Schweigen gebracht. Die in dieser entlegenen Gegend seit über 5000 Jahren lebenden indigenen Gemeinschaften stehen so gut wie nie im Mittelpunkt der Hoheitsdiskussionen, bei denen Länder um Territorien streiten, die nur diese Gemeinschaften wirklich kennen.

Die Verbindungen, die durch die unter Wasser liegenden Kommunikations-Infrastrukturen geschaffen wurden, verknüpfen weit entfernte

Punkte durch Informationsaustausch, während sie zugleich Hoheitskonzepte herausfordern, die wiederum durch diese Kommunikationssysteme genährt werden. In einer Region, die, weil ihr Land wegzuschmelzen droht, in das Bewusstsein der breiteren Masse dringt, tritt die Landschaft als ein neuer Garten zutage.

Der Garten ist ein Denkmodell, in dem wissenschaftliches und mythisches Wissen aufeinandertreffen. So gewendet kann der Garten zu einem Instrument zur Entdeckung unserer Umgebung, unserer Umwelt werden. Seine Ummauerung steht weniger für eine physische Grenze denn für einen Zwischenbereich, für eine weiche Abgrenzung, wie sie die Atmosphäre für unseren Planeten darstellt. Er wird ein Ort der Interaktion, modelliert von der Vorstellung, dass die Erde unser größter Garten ist und der einzige, den wir haben.

Anmerkungen

1   Ein von Michel Foucault eingeführter Begriff, mit dem er Räume und Orte beschrieb, die zwar parallel zu kulturellen, institutionellen und diskursiven Räumen, sowohl konkreten als auch imaginativen, operieren, jedoch außerhalb von ihnen. Wie Welten innerhalb von Welten spiegeln sie die räumlichen Vorstellungen des Menschen und beeinflussen sie zugleich. Siehe M. Foucault, »Andere Räume«, in *Aisthesis: Wahrnehmung heute oder Perspektiven einer anderen Ästhetik,* hrsg. von K. Barck et al., Leipzig 1992, S. 34–46.

2   Eine vor allem im 17. und 18. Jahrhundert obligatorische Bildungsreise junger aristokratischer (später großbürgerlicher) Männer durch Europa, um die klassischen Kulturen kennenzulernen. Die Grand Tour ebnete den Weg für den Massentourismus.

3   Aus einem Interview, das Robert Oppenheimer am 16. Juli 1945 in New Mexico gab.

4   Zeile aus der *Bhagavad Gita.* Die Schrift ist Teil des Hindu-Epos *Mahabharata* und gibt das Zwiegespräch zwischen Pandava Prinz Arjuna und seinem Lehrer und Wagenlenker Krishna wieder; ein Dialog, der sich angesichts von Arjunas Verzweiflung darüber entspinnt, dass der Krieg Gewalt und Tod bringt.

Abbildungen

1. Engadin, Schweiz. © VOGT Landscape
2. Saatgut-Tresor, Spitzbergen, Norwegen.
   © Landbruks- og matdepartementet / Flickr
3. Farmkomplex in Westland, Niederlande.
   © Shutterstock
4. Baumstamm-Skulpturen vor dem Transport an ihren Bestimmungsort am Sitz der FIFA, Zürich, Schweiz. © VOGT Landscape
5. Rhone-Gletscher mit isolierenden Planen, Schweiz. © Julian Charrière
6. Isola Bella und Isola Madre im Lago Maggiore, Postkarte, 1890-1900, Italien. © Library of Congress/Wikimedia Commons
7. Przewalskipferde im Sperrgebiet von Tschernobyl, Ukraine. © Getty Images
8. Masoala Halle, Zoo Zürich, Schweiz.
   © VOGT Landscape
9. Wald von Białowieża, Polen. © Piotr Grudzinski
10. Rectory Farm, London, England.
    © VOGT Landscape
11. Garten an der Via Giulia, Rom, Italien.
    © VOGT Landscape
12. Grundriss des Lohseparks, Hamburg, Deutschland. © VOGT Landscape
13. Lohsepark, Grotte, Hamburg, Deutschland. © VOGT Landscape
14. Unterwasserkabel. © Getty Images

Weiterführende Literatur

Bark Hagen, Franziska: *Versuche das Glück im Garten zu finden*, Zürich 2011.

Foxley, Alice u. Vogt Landschaftsarchitekten: *Distance & Engagement. Walking, thinking and making Landscapes*, Zürich 2010.

Ghiggi, Dominique: *Baumschule. Kultivierung des Stadtdschungels*, Zürich 2010.

Meili, Marcel; Peter, Markus u. Vogt Landschaftsarchitekten: *5 Orte in der Schweiz*, Zürich 2012.

Vogt, Günther u. Kissling, Thomas (Hrsg.): *Mutation und Morphose. Landschaft als Aggregat*, Zürich 2020.

Vogt, Günther u. Eliasson, Ólafur: *Your Glacial Expectations*, London 2017.

Vogt, Günther: *Wunderlust/Wanderkammer*, Zürich 2016.

– *Landscape as the Cabinet of Curiosities*, hrsg. von Rebecca Bornhauser u. Thomas Kissling, Zürich 2014.

– *Miniature and Panorama 2000–2012*, Zürich 2012.

– »Der Split-Rocker: eine Kippfigur«, in: *Ausstellungskatalog »Jeff Koons«*, Fondation Beyeler, Basel 2012.

– »Wir müssen das Programmatische nicht vergessen«, in: *Garten + Landschaft*, Juli 2011, S. 8–9.

– »Missing Link – Eine Intervention von Vogt Landschaftsarchitekten im öffentlichen Raum von Zürich und Tokyo«, in: *Der Raum der Stadt. Raumtheorien zwischen Architektur, Soziologie, Kunst und Philosophie in Japan und im Westen*, hrsg. von Jürgen Krusche, Marburg u. Weimar 2008, S. 98–104.

Vogt, Günther (Hrsg.): *Miniatur und Panorama*, Zürich 2006.

Vogt Landschaftsarchitekten: *Von Büchern und Bäumen. About Books and Trees*, Ausstellungskatalog »Vogt Landschaftsarchitekten«, hrsg. vom Architekturmuseum Basel, Zürich 2004/2005.

Dank

Dieses Buch verdankt sich einer längeren Zusammenarbeit mit vielen Menschen; dank Ihnen waren wir in der Lage, neue Zugänge zu einem Verständnis der Gärten unserer Zeit zu entwickeln. Zuerst möchten wir dem Verlag Matthes & Seitz und besonders dem Herausgeber der Reihe DE NATURA für ihr Interesse an unserem Werk und für die Gelegenheit danken, ein Thema zu entwickeln, das uns so sehr am Herzen liegt. Frank Fehrenbachs Ideen und seine kritische Lektüre waren für die Fertigstellung des Buches sehr wichtig. Wir möchten uns bei Adrian Stokar bedanken, der die komplizierte Aufgabe übernahm, einen bereits aus dem Englischen übersetzten Text nochmals gründlich zu überarbeiten. Ein besonderer Dank geht an Thomas Kissling für seine Freundschaft, sein Wissen und seinen ausführlichen Rat sowie an Julian Charrière, der Bilder seiner Sammlung für dieses Buch bereitstellte. Antonia Goetz und Antonina Tetzlaff (Universität Hamburg) waren bei der Endkorrektur des Bandes eine große Hilfe. – Das Buch wäre ohne die Unterstützung von Vogt Landscape Architects nicht möglich gewesen. Ihre Anerkennung der Bedeutung von literarischen Veröffentlichungen im Rahmen landschaftsarchitektonischer Praxis trägt dazu bei, neue Perspektiven des Landschaftlichen und des Gartens, den wir Erde nennen, zu ermöglichen.

DE NATURA bei Matthes & Seitz Berlin

Hartmut Böhme, *Aussichten der Natur. Naturästhetik in Wechselwirkung von Natur und Kultur*

Christiane Nüsslein-Volhard, *Schönheit der Tiere. Evolution biologischer Ästhetik*

Wolfgang Riedel, *Unort der Sehnsucht. Vom Schreiben der Natur. Ein Bericht*

Wolfgang Welsch, *Wahrnehmung und Welt. Warum unsere Wahrnehmungen weltrichtig sein können*

Lorraine Daston, *Gegen die Natur*

Frank Fehrenbach, *Leonardo Da Vinci. Der Impetus der Bilder*

Zweite Auflage Berlin 2022
© 2021 MSB Matthes & Seitz Berlin
Verlagsgesellschaft mbH
Göhrener Str. 7, 10437 Berlin
info@matthes-seitz-berlin.de
Alle Rechte vorbehalten.
Illustration und Satz: Monika Grucza-Nápoles
Druck und Bindung: Art-Druk, Szczecin
Umschlaggestaltung nach einer Idee von
Pierre Faucheux
ISBN 978-3-7518-0509-4
www.matthes-seitz-berlin.de